Renate Holland-Moritz

W0065728

Der Trickbetrüger

Darüber lachte man in der DDR
während der siebziger
und achtziger Jahre

Dietz Verlag Berlin

Holland-Moritz, Renate: Der Trickbetrüger. Darüber lachte man in
der DDR während der siebziger und achtziger Jahre /
Renate Holland-Moritz. – Berlin: Dietz Verl. GmbH 1996. –
172 S.: 10 Illustr. v. Manfred Bofinger

ISBN 3-320-01929-5

Mit 10 Illustrationen von Manfred Bofinger

© Dietz Verlag Berlin GmbH 1996
Einband: Manfred Bofinger
Typografie: Brigitte Bachmann
Printed in Germany
Satz: dietz berlin
Druck- und Bindearbeit: Graphischer Großbetrieb Pößneck GmbH
Ein Mohndruck-Betrieb

Inhalt

Väterchen prost! **7**

Der Ausflug der alten Damen **11**

Fast wie eine Französin **16**

Kriminalroman und Realität **19**

Lebersüberdruß **24**

Der Mütterabhörer im Dienste der Kunst **26**

Film und Ökonomie **31**

Erholung tut not **35**

Ein konfliktloses Leben **40**

Die Überraschung **44**

Des Meeres und der Liebe Wellen **46**

Der Snob **50**

Die Auslandsreise als moralische Anstalt **54**

Wie sich's der kleine Moritz vorstellt **58**

Modernes Märchen **63**

Prominentenraten **69**

Bei Lehmanns hat's geklingelt **75**

Fürs Fernsehen kein Problem **81**

Ein Elternabend **89**

Aus der Ober-Schule geplaudert **93**

Wanderers Klagelied **98**

... denn morgen ist Sonntag **104**

Die Masseuse als Entspannungsfaktor **108**

Die Dichterlesung **113**

Schlamperei **117**

Schweigen ist Gold **122**

Der Brautstrauß **127**

Frauen im Film **131**

Laßt Blumen sprechen **134**

Die schwarze Witwe **137**

Toleranzschwelle **142**

Der große Auftritt **148**

Kultureller Gipfelsturm **153**

Sind unsere Filmschaffenden glücklich? **158**

Werte Kollegen Gebrüder Grimm! **163**

Der Trickbetrüger **167**

Väterchen prost!

Der Verdacht verdichtete sich. Es konnte nur Hunsche sein!

Hunsche ist unser Hausmeister. Hunsche geht nach Büroschluß durch alle Räume und guckt nach, ob die Fenster zu sind oder ob einer das Nachhausegehen verschlafen hat. Und Hunsche hat eine ziemlich rote Nase und einen wiegenden Gang, obwohl er niemals zur See gefahren ist. Wirklich, nur Hunsche kommt in Frage! Es ist nicht direkt so, daß bei uns während der Dienstzeit gesoffen wird. Das war vielleicht früher mal der Fall, doch seit wir die Selbstverpflichtung zu einem kulturvollen Leben unterschrieben haben, ist damit Sense. Höchstens mal, daß einer Geburtstag hat oder 'ne Prämie, oder es kommt ein ausländischer Gast. Aber normalerweise – kein Stück.

Nun sind momentan die Zeiten nicht normal, sondern hundekalt. Auf dem morgendlichen Weg ins Büro friert man ganz schön durch. „Heizt von innen", scherzte Direktor Kummer niesend. Und er sagte kein einziges Wort, als ihm Ingemäuschen, seine Sekretärin, einen Eskalony anbot.

Das war gewissermaßen die Auflassung. Jeder brachte sich nun seinen eigenen Heizkörper mit: der Nordhäuser Achim ein Fläschchen Korn, Wanda einen kleinen „Grand mit Dreien", Pletzke, der olle Angeber, eine Pulle französischen Weinbrand, und Jochen heizte wie stets mit Adlershofer Wodka. Aber schon nach wenigen Tagen wurden wir stutzig. Obwohl wir wirklich sparsam mit dem Stoff umgingen, verdünnisierte er sich unheimlich schnell. Sogar Pletzke fand keinen rechten Geschmack mehr an seinem teuren Gesöff. Auch Achim schwor, daß sein geliebter Nordhäuser nicht mehr das sei, was er einmal war. Wanda schwenkte eines Morgens triumphierend ihre halbe Flasche „Grand mit Dreien". Sie hatte auf dem Etikett einen ganz dünnen Bleistiftstrich gemacht, und nun befand sich der Alkoholspiegel drei Zentimeter darunter. „Einer von euch Ganoven beklaut mich", schrie sie empört. Aber wir konnten alle unsere Unschuld beweisen, sämtliche Alibis waren hieb- und stichfest. Es blieb nur Hunsche.

Als wir Direktor Kummer unseren Verdacht mitteilten, brach er fast in Tränen aus. „Genossen, Kollegen, Freunde", sagte er feierlich, „denkt über Hunsche, was ihr wollt, aber laßt es nicht laut werden. Wißt ihr, wie viele Betriebe noch einen Hausmeister haben? Wenn ja, geht in euch und schweigt."

Trotzdem wollte der Direktor natürlich nicht dulden, daß ein finsterer Dieb Betriebsgeist und Kollektivklima unterwanderte beziehungsweise abkühlte, zumal ihm seine Sekretärin Ingemäuschen erklärt hatte, er brauche durchaus nicht heimlich von ihrem Eskalony zu naschen. Kummer mußte gewissermaßen zu seiner eigenen Rechtfertigung den wahren Täter überführen. Also kam er eine Viertelstunde nach Dienstschluß noch einmal ins Büro zurück. Hunsche befand sich in Pletzkes Zimmer und schloß gerade den großen Rollschrank. Aus den Jackettaschen des nahezu tödlich erschrockenen Hausmeisters guckten zwei Schnapsflaschen heraus.

Direktor Kummer sank auf den nächstbesten Stuhl und vergrub sein Gesicht in den Händen. „Hunsche", stammelte er, „Kollege Hunsche, warum tun Sie mir das an? Ich habe Sie verteidigt, ich habe Ihre Unschuld beteuert, weil ich Sie und Ihre Arbeit schätze, und so enttäuschen Sie mein blindes Vertrauen!"

„Na, wissense, Kolleje Direktor", sagte Hunsche, „so wat dürfen Sie mit mir aber nich machen! Erst stehnse wien Jeist hinter mir, und denn sagen Sie sone Sachen. Man is ja nich mehr der Jüngste! Wenn Sie mich hier wien Kriminellen behandeln, denn möchte ich Sie darauf hinweisen, det wir vonne Abteilung Alljemeine Verwaltung jefragte Kader sind, klar?"

„Um Gottes willen, Hunsche", flehte der Direktor, „nun unterlassen Sie doch diese albernen Drohungen. Aber wie soll ich mich denn verhalten, wenn Sie neuerdings den Alkohol schon flaschenweise klauen? Um die Konfliktkommission kommen Sie jedenfalls nicht herum!" Der Hausmeister wirkte völlig verdattert. „Wat, wat meinen Sie – meinen Sie det?" rief er und zog die beiden Flaschen aus seinem Jackett.

„Was denn sonst", knurrte Direktor Kummer, „eine Flasche Kognak, eine Flasche Klaren. Wem haben Sie das Zeug weggenommen?"

Hunsche strahlte. „Werter Kolleje Direktor, ich will es Ihre Arbeitsüberlastung zujute halten, det Sie mir ebent meine Ehre als Werktätiger abjeschnitten haben. Erstens trinke ich überhaupt keinen Alkohol, weil ich nämlich ein kranker Mann bin. Magenjeschwüre, wenn Ihnen det wat sagt. In die Kognakpulle is mein Magentee, den ich alle halbe Stunde trinken muß. Schmeckt ekelhaft, noch dazu ohne Zucker. Ich krieg's überhaupt nur runter, wenn ich mit klares, abjekochtes Wasser nachspüle. Dieses befindet sich in diese Wodkaflasche. Wenn Sie sich gefälligst überzeujen wollen?"

9

Hunsche nahm zwei ausgespülte Tassen von Pletzkes Schreibtisch und bot dem Direktor aus jeder Flasche einen Schluck an. Er hatte nicht gelogen, bei den mutmaßlichen Spirituosen handelte es sich um bitterlich schmeckenden Tee und klares Wasser.

Direktor Kummer wagte kaum aufzusehen. „Mein lieber Freund Hunsche", sagte er endlich, „Sie sehen, wie leicht selbst ein verantwortlicher Leiter wie ich auf Gerüchte und üble Nachrede hereinfallen kann. Ich bitte Sie hiermit in aller Form um Entschuldigung. Wenn das Ganze unter uns bleiben könnte?"

„Aber natürlich, mein Lieber", erklärte Hunsche gönnerhaft, „jeder kann sich mal irren, und Sie haben Ihr Unrecht ja eingesehen. Da ich kein Unmensch bin, werde ich schweigen." Ein Händedruck besiegelte das Versprechen, und Direktor Kummer verließ eilig und beschämt das Büro.

Erst an der Pförtnerloge fiel ihm auf, daß er seine Aktentasche vergessen hatte. Er stieg also die Treppen noch einmal hinauf, und verblüfft konnte er durch die geöffneten Bürotüren beobachten, wie genau es Hunsche auch mit der Gesundheit der anderen Kollegen nahm. Nach einem kräftigen Schluck von Pletzkes feinem Kognak füllte er die Flasche mit Tee wieder auf, während er Achims Nordhäuser Korn mit Wasser eine magenfreundliche Milde verlieh.

1970

Der Ausflug der alten Damen

Frieda und Otti bestiegen die „Heinrich Mann". Daß sie Frieda und Otti hießen, wußte jeder Ausflügler auf dem Oberdeck nach zwei Minuten. Wegen eines offenbar altersbedingten Ohrenleidens sprachen Frieda und Otti laut und artikuliert.

„Sitzte jut, Frieda? Is dir ooch nich kalt? Wenn dir kalt ist, mach dir warme Jedanken. Oder mach den Radio an." „Lord Knut ist jut, wa, Otti? Evagrüns. nach so wat haben wir noch vor zehn Jahre jeschunkelt." „Schunkel nich, Frieda, sonst kippt der Kahn. Haste Hunger oder Durscht? Die Möwen wern Hunger haben. Für Durscht sollnse im Müggelsee tauchen. Oder ist det noch die Spree? Jib doch mal die Tüten her, Frieda. Du hast doch die Tüten, wa?"

„Mann, Otti, du wirst alt, det muß schon Artilleriesklerose sein! Ick hab den janzen Morjen die Brotkirsten jeschnitten, und du hast die Tüten injestochen. In den jelben Beutel. Zusammen mit die Brause und den Uffmacher. Kiek nach, und du wirst sehen, du bist doof. Jetzt fahrn wa in Klein-Venedig rin, jetzt laß die Tüten zu, Otti. Hier is zu eng, hier klemmen sich ja die Möwen wat ein."

„Wie du redest, Frieda, det ist schon extraordinär! Also hier läßt sich's leben. Kiek mal, da drüben den weißen Böngalo, der jehört bestimmt een Scheffarzt oder een Handwerker. So wat könnte uns schmecken, wa, Frieda? Nimm doch mal det Kind weg, det stört

11

mir die Aussicht. Jeh weg, Bengel, haste keene Mama? Denn jeh bei die!"

„Denkste, der jeht? Jetzt sind det schon drei Jören. Ick weeß nich, wo am Sonntach die ville Kinder herkommen."

„Et ist wejen die zue Kinderjärten, Frieda. Aber det nu alle Jören aus Grünau mit unsern Dampfer fahrn müssen – nee, Frieda, da hätten wa lieber sollten uffen Balkong bleiben. Und ein Krach macht det Volk!"

„Dreh doch den Radio lauter, Otti! Kiek ma, die jelben Rosen neben die Holliewutschaukel, direkt üdüllisch! So, jetzt stechen wir im Müggelsee, jetzt mach ick aber die Tüten uff!"

„Nimm den Kopp weg, Kleener, denn fliejen dir ooch keene Brotkrümeln int Jesichte. Setz dir man lieberst neben deine Mama und eß 'ne Stulle. Jetzt kriejen die Möwen ihr Mittach. Schmeiß höher, Frieda, sonst reißen mir die Biester noch mein Hut ab!"

„Nu seh dir det an, Otti, det sind ja schon mindestens tausend Stück! Mensch, müssen die vahungert sein. Die schnappen sich det Brot im Fluge, wie die Artisten. Wat? Wat ist los? Nu machenset halblang, junger Mann, bei Ihnen ze Hause jibt's für Möwen ooch noch keen Wasserklosett! Haste det mitjekricht, Otti? Der recht sich uff, weil ihm son kleener Vogel uff sein hellet Schackett jekackt hat. Solla doch keen Ausfluch bei Mutta Natur machen, wenna keene Tiere liebt!"

„Aber die zweete Tüte dürf ick schmeißen, Frieda. Hau ruck, ihr Piepmätze, und laßt et euch jut schmekken! Der mit den Schackett war 'n Sachse, wa? Die müssen doch immer unliebsam uffallen. Ick weeß nich, uff son Kahn passen doch nu mindestens über dreihundert Leute, und wen hörste? Die Sachsen! Paß doch auf, Bengel! Würste man nich mit deine Dreckstiebeln an Tante ihrn Rock kommen!"

Der Ausflug der alten Damen

„Eltern jibt et, die kümmern sich überhaupt nich um ihre Jören. Lassense einfach frei rumloofen. Wenn die son Ober mang die Beene kommen! – Ober! Hallo, Ober! Otti, willsten Bier oder lieber Kaffe? Wat heißt hier Bockwurscht? Ick denke, du hast Stullen einjepackt? Wieso icke? Also jut, zwei Bockwurscht, zwei Bier, nee, Otti, nach Bier machste immer so schnelle kruke, also ein Bier, ein Kaffe. Wieso Kaffe später? Schöne Jastronomie!"

„Rech dir ab, Frieda, der Mann hat ooch nur zwee Hände. Sagense mal, Herr Ober, hat die Bockwurscht Pelle oder isse nackicht? Ick frage nur wejen mein Darm. Wejen die Fistel. Hab ick dir schon jesacht, Frieda, det der Doktor jesacht hat, et müßte nu doch 'ne Fistel sein? Also, ick nur mit ohne Pelle."

„Mensch, Otti, die Pelle machste ab und packste für meine Mulle ein. Jebense schon her, Ober. Pfui Deibel, is det Bier warm! Na, dafür wird der Kaffe kalt sind. Haste wejen die Fistel wieder sone Beschwerden, Otti?"

„Na und wie! Frühmorjens bin ick überhaupt keen Mensch. Det piekt, sag ick dir, da hörste die Engel singen. Jetzt kommen Nachrichten, such mal 'n andern Sender. Aber nich den ollen Biet. Nu kiek dir die Kleene an, einjepullert hat det Ferkel! Teuren Silastikfummel an, aber noch nich sauber! So wat jabs früher ooch nich."

„Mit meine Kinder konnt ick überall hinjehn, in det feinste Restorang. Keinen Mucks haben die jesacht, ordentlich mit Messer und Jabel jejessen, und wenn se mal rausmußten, allet in anständije Form."

„Na ja, Frieda, heutzutage haben die Mütter ja nischt wie Quallefizierung und Arbeetenjehn im Kopp, für die Kinder is keene Zeit. Und ufft Wochenende falln se denn ältere Leute uffen Wecker, die ihre Ruhe brauchen. Wat heißt hier, die Musik is zu laut? Det is wenigstens Musik, junger Mann, Lehár, wenn Ihnen det wat sacht! Haste det jehört, Frieda? Der traut sich wat!"

„Ick kieke schon die janze Zeit, wie der in sein buntet Hemde dasitzt, den Arm um det Mädel jeknüppert, als wollta se abwürjen. Fahrn durch die Natur und tun, als hättense sturmfreie Bude. Nee, Otti, mit sone Jugend kommste nich mehr mit. Sind wa schon durchen Langen See? Na, denn können wa ja bald wieder Grünau anlejen. Länger hätt' ick det dußlije Jequatsche von die jungschen Karotten ooch nich mehr ausjehalten."

„Ick sage ja immer, Frieda, Berlin is nich mehr det, wat et mal war. Die Jugend und die Zujereisten haben die Stadt vasaut, so det sich 'n Alteinjesessener wie wir nich mehr traut, überhaupt noch det Maul uffzumachen."

Als Frieda und Otti wütend die „Heinrich Mann" verließen, sagte der junge Mann im hellen Jackett zu seiner Frau: „Siehsde, Grisda, chabdr doch gesachd, es is ni anderscht wie off dr Älwe. Da hädden mor de Muddl gedrost mitnähm gönn!"

1970

Fast wie eine Französin

Gerlinde hatte schon seit Wochen den Kanal gestrichen voll. Sie ärgerte sich über ihren Mann, dessen Skatabende immer häufiger und langanhaltender wurden, über ihren Sohn, dessen Mathe-Vieren wucherten wie das Unkraut im Garten, über ihren Schwiegervater, der jeden Sonntag uneingeladen zum Essen erschien, über ihren Chef, der sie mit Arbeit überhäufte – sie ärgerte sich pausenlos. Gerlinde glaubte schon, diese Pechsträhne werde überhaupt kein Ende mehr nehmen, und ihre Laune war dementsprechend.

Eines verregneten Haushaltstages ging sie zum Friseur, aber nicht mit dem Bedürfnis, sich hübsch machen zu lassen, sondern weil sie nun einmal angemeldet war. Während sie griesgrämig unter der Haube saß, die erst zu heiße und dann zu kalte Luft verströmte, blätterte sie gelangweilt in einer Zeitschrift. Ihr Blick blieb an einem rotumränderten Absatz hängen, der offenbar schon eine Leserin vor ihr interessiert hatte. Dort stand: „Sie haben schlechte Laune, Madame? Die Familie, das Büro, der tägliche Kleinkram gehen Ihnen auf die Nerven? Dann wird es Zeit, daß Sie etwas für sich tun. Seien Sie nett zu sich selbst, wenn es schon kein anderer ist. Gehen Sie zum Friseur, zur Kosmetik, kaufen Sie sich ein elegantes Kleid und einen verrückten Hut. Führen Sie sich aus, am besten ins feinste Restaurant am Platze. Knausern Sie nicht, es ist schließlich für einen Menschen, der ein bißchen Großzügigkeit verdient. Oder sind Sie anderer Meinung, Madame?"

Durchaus nicht, dachte Gerlinde. Der Artikel war ein Nachdruck aus einer französischen Frauenzeitschrift, und Gerlinde fand, daß die Franzosen zu Recht als Lebenskünstler galten. Sie überlegte, ob das kostspielige Rezept für sie in Frage käme. Erst gestern hatte sie eine Prämie bekommen, die eine Quelle neuen Ärgers gewesen war. Lächerliche zweihundertfünfzig Mark, während diese Kuh Melitta, die erst ein Jahr in der Abteilung arbeitete, dreihundert kassierte. Diese himmelschreiende Ungerechtigkeit hatte wohl eher etwas mit Melittas Oberweite und ihrer penetranten Freundlichkeit zu tun. Wie kann ein Mensch immer gleichbleibend und zu jedermann freundlich sein? Das ist doch anormal! Jedenfalls hatte Gerlinde nicht an dem fröhlichen Umtrunk nach Feierabend teilgenommen. Die zweihundertfünfzig waren also noch komplett vorhanden. Eigentlich wollte sie das Geld ihrem Mann aufs Autokonto überweisen, aber nun sah sie die Sache in einem anderen Licht. Warum nicht einmal nett zu sich selbst sein? Sie las den rotangestrichenen Absatz noch einmal durch. Den Punkt „Friseur" konnte sie schon abhaken. Zur Kosmetikbehandlung im gleichen Salon mußte man sich allerdings Wochen vorher anmelden. „Sie haben Glück", erklärte die Friseuse, die ihr die Lockenwickler vom Kopf nahm, „soeben hat eine Kundin abgesagt." Als eine halbe Stunde später die Zitronenmaske aufgetragen wurde, kam sich Gerlinde schon sehr französisch vor. Nach Beendigung der Prozedur beguckte sie sich verblüfft im Spiegel. So hübsch hatte sie sich gar nicht in Erinnerung. Bester Laune hinterließ sie ein fürstliches Trinkgeld. Vor dem Salon wurde gerade ein Taxi frei. Gerlinde stieg bedenkenlos ein und ließ sich zum neuen Modehaus am Alex fahren.

Schon beim ersten Griff erwischte sie ein Frühjahrskleid, das ihr großartig gefiel. Die Verkäuferin machte ihr Komplimente, die Gerlinde durchaus ehrlich vorkamen und ihre Hochstimmung gewaltig hoben. Sie fand sogar ohne Mühe einen schicken Hut, der zu Kleid und Trägerin vorzüglich paßte. Strahlend verließ Gerlinde das Modehaus. Sie vergegenwärtigte sich noch einmal die französischen Empfehlungen und steuerte den Fernsehturm an. Im eleganten Turmrestaurant mit dem herrlichen Rundblick bestellte sie mehrmals Mokka, Früchteeis und französischen Kognak. Die Rechnung, die sie nach einer Stunde erhielt, hätte ohne weiteres vom „Maxim" aus Paris sein können. Die Prämie war dahingeschmolzen wie Schnee in der Frühlingssonne.

Gerlinde verließ den Fernsehturm und ging zum Bahnhof Alexanderplatz. Sie löste eine S-Bahnkarte zu zwanzig und stieg in den Zug nach Königs Wusterhausen. Bis Adlershof saß sie einigermaßen ruhig auf der Bank und genoß die bewundernden Blicke, die sie auf sich zog. Als der Zug den Bahnhof verließ, wurde sie nervös. Ihr Gesicht bekam wieder etwas von der alten Verkniffenheit. Endlich hielt der Zug in Grünau. Gerlinde sprang als erste aus dem Abteil und hüpfte wie ein junges Reh die Treppen hinunter. Sie wirkte so gelöst und glücklich, als hätte sie am Ende dieses schönen Tages nun auch noch das große Los gewonnen.

Denn eine Fahrt von Alexanderplatz bis Grünau kostete nicht zwanzig, sondern dreißig Pfennig.*

1971

---

* Die Strafgebühren für „Schwarzfahren" betrugen in der DDR bis 1976 5 Mark, bis 1984 10 Mark, danach bis 1991 20 Mark.

Kriminalroman und Realität

„Ihr Kriminalroman ist großartig", sagte Lautenhold. „Auf ein solches Manuskript haben wir gewartet: spannend, zeitnah, mitten aus unserem Leben gegriffen. Menschen, die jeder kennt. Glasklare Täterpsychologie. Glückwunsch zu einem solchen Erstling! Und finden Sie nicht, Chef, daß auch ich Anerkennung verdient habe? Schließlich ist er mein Autor!"

Cheflektor Wolfhard Rollin verteilte seine Hände väterlich über den Schultern des Nachwuchsschriftstellers Werner W. Bratöl und seines Lektors Hugo Lautenhold. „Das ist eine durchaus brauchbare Arbeit, Freunde. Als besonders positiv empfinde ich die Abwesenheit von Agenten, Saboteuren und Wirtschaftsverbrechern großen Stils. Ich möchte lediglich anfragen, ob der Täter unbedingt Gaststättenleiter sein muß. Zugegeben, für den Dreieckskonflikt, also das Tatmotiv Eifersucht, ist die Konstellation Gaststättenleiterehepaar – junge Serviererin sehr günstig. Aber, Freunde, bedenkt die prekäre Situation in der Gastronomie. Eine Verärgerung dieser Kader könnte weitreichende volkswirtschaftliche Folgen haben."

„Das hat was für sich", gab Lektor Lautenhold zu.

Der noch bescheidene Dichter Bratöl kaute sinnend am rechten Zeigefinger. „Ich könnte das Ganze in einen Friseursalon verlegen. Friseurmeistersehepaar und junge, hübsche Friseuse, was meinen Sie?"

Rollin und Lautenhold zeigten sich entzückt. „Zumal es hier noch einen großen privaten Sektor gibt", sagte Lautenhold, „ich meine, es muß ja nicht unbedingt eine PGH* sein."

„Das wichtigste ist die Glaubwürdigkeit", sagte der Cheflektor. „Der Leser muß die Geschichte Punkt für Punkt nachvollziehen können, er muß sagen, jawohl, das stimmt, das gibt es, so könnte es gewesen sein. Er hat ein Recht darauf, wirklich seine eigene Welt abgebildet zu sehen und nicht das rosarote Wolkenkukkucksheim des Dichters. Deshalb bitte ich Sie, lieber Bratöl, das dritte Kapitel noch einmal zu überprüfen."

Lektor Lautenhold blätterte im Manuskript. „Sie meinen, wo sich alle Verdächtigen ‚rein zufällig', also durch diesen anonymen Brief provoziert, in dem stinkfeinen Restaurant treffen? Was ist denn dagegen einzuwenden, Chef?"

Rollin machte eine mitleidige Geste. „Es handelt sich um einen Freitagabend! Haben Sie schon mal versucht, an einem Freitagabend in einem Restaurant Platz zu finden? So was klappt nur mit vorheriger Tischbestellung. Und hier sollen sich gleich zwölf Leute ‚zufällig' treffen? Das glaubt euch kein Mensch!"

„Dann schicken wir die Verdächtigen eben in die Kneipe", schlug Lautenhold vor.

Bratöl schüttelte energisch den Kopf. „In meiner Stammkneipe jedenfalls fällt freitags kein Apfel zur Erde. Nein, da muß ich schon einen anderen Dreh finden. Vielleicht könnte ich, bevor der Friseur dem Taxi winkt ..."

„Auf diesen Punkt wollte ich noch zu sprechen kommen", sagte Rollin. „Sehen Sie, das ist so ein Relikt aus amerikanischen und englischen Krimis: Der

* PGH – Produktionsgenossenschaft des Handwerks

Verfolgte rennt aus einem Haus, schnippt mit dem Finger, ein Taxi hält neben ihm, und er entkommt mit überhöhter Geschwindigkeit. Abgesehen davon, daß wir unseren tüchtigen Fahrern vom VEB* Taxi auch in Kriminalromanen keine Geschwindigkeitsüberschreitungen anlasten dürfen, frage ich Sie: Haben Sie schon mal ein Taxi gekriegt, wenn Sie dringend eins brauchten?"

Lautenhold nickte beifällig. „Erinnern Sie mich bloß nicht daran, Chef! Erst gestern habe ich eine halbe Stunde am Telefon gehangen, bis sich die Tante vom Funktaxi überhaupt gemeldet hat. Nach zwanzig Minuten kam der Wagen endlich. Zehn Kilometer Anfahrt. Bis dahin hätte ich dreimal ermordet sein können."

„Eben", bestätigte Rollin, „ein sogleich herbeieilendes Taxi entspräche einem nicht einzukalkulierenden Zufall. Und über die Rolle des Zufalls haben wir ja wohl auf dem letzten Kriminologenseminar in Schwerin ausführlich gesprochen."

Werner W. Bratöl wischte sich den Schweiß von der Stirn. „Vielleicht werde ich den Verdächtigen ein Fahrrad stehlen lassen. Angesichts von Mord kommt's auf so ein kleines Delikt auch nicht mehr an."

„Sie werden's schon machen", tröstete ihn Rollin. „Hauptsache, die Angelegenheit wirkt glaubwürdig. Was man von dieser Telefonnummernermittlung nun wirklich nicht behaupten kann."

„Wie bitte?" fragten Bratöl und Lautenhold gleichzeitig.

Rollin seufzte. „Also, Freunde, jetzt seid ihr aber von geradezu sträflicher Unkenntnis der Realität. Was ist denn Sache: Der Gaststättenleiter – äh, der Friseurmeister hat seinen Stammkunden, diesen trunk-

* VEB – Volkseigener Betrieb

21

süchtigen ehemaligen Sportlehrer im Verdacht. Lehrer geht schon mal nicht, und Sportlehrer überhaupt nicht, aber das nur am Rande. Also, der Friseur will den Verdächtigen nachts anrufen, aber er weiß die Nummer nicht. Was macht er? Er geht in die nächste Telefonzelle und blättert im Telefonbuch. Ich bitte euch, da lachen ja selbst die toten Hühner!"

„Na ja", gestand Lautenhold, „da muß ich dem Chef schon recht geben, eine Zelle mit Telefonbuch ist reichlich unglaubwürdig. Aber selbst, wenn wir diesen Zufall noch akzeptieren wollten, wieso soll ausgerechnet diese Nummer in unserem überalterten Telefonbuch noch stimmen?"

Bratöl verlor langsam die Beherrschung. „Der Friseur findet aber ein Telefonbuch, und die Nummer stimmt auch noch, verdammt! Er ruft also an ..."

Rollin und Lautenhold brachen in herzhaftes Gelächter aus.

„Er ruft an?" kicherte Lautenhold. „Aus einer Telefonzelle?" wieherte Rollin. „Das ist nicht Ihr Ernst!"

„Zugegeben, es klingt nicht sehr wahrscheinlich. Aber nehmen wir mal an, das Ding ist tags zuvor repariert worden. Er ruft also an ..."

„Und nach der Amtsnummer ist besetzt", fügte Rollin genüßlich hinzu. „Günstigstenfalls kriegt er eine falsche Verbindung. Ich könnte Ihnen zu diesem Thema ganze Romane schreiben."

„Ich habe aber schon einen Roman geschrieben", sagte Bratöl gereizt, „wenn Sie sich bitte daran erinnern wollen."

„Natürlich, lieber Freund", sagte der Cheflektor entschuldigend, „und der gefällt uns ja auch bis auf die kleinen Unglaubwürdigkeiten recht gut. Und da wollte ich vor allem noch auf das Tatinstrument zu sprechen kommen. Es handelt sich um eine vergiftete

Hammelkeule, nicht wahr? Hammelkeule ist das Lieblingsgericht der jungen, hübschen Friseuse. Die Friseurmeistersgattin hat nur am Mittwoch Gelegenheit, ihre Rivalin zum Essen einzuladen, und die kommt nur, wenn es Hammelkeule gibt. Jedenfalls haben Sie das mit zwingender Logik nachgewiesen, mein Lieber!"

„Ja, und?" fragt Bratöl verständnislos.

„Ja und, ja und", äffte der Cheflektor nach, „waren Sie am Mittwoch schon mal beim Fleischer? Und wollen Sie dann noch behaupten, daß es mittwochs mit Sicherheit Hammelkeule gibt? Auch dies gehört in den Bereich des Zufalls, mit dem wir in Kriminalromanen einfach nicht operieren dürfen. Aber wenn Sie all die kleinen Widersprüche entfernen, steht dem Druck Ihres Buches nichts mehr im Wege."

Der Schriftsteller Werner W. Bratöl strich aus seinem ersten Kriminalroman alles heraus, was der Realität des Alltags nicht standhielt. Übrig blieb eine Kurzgeschichte, in der ein Friseurmeister mit seiner jungen, hübschen Angestellten ein Verhältnis hat. Die Friseurmeistersgattin weiß davon und schläft jeden Dienstagabend mit dem aufregenden Gedanken ein: „Wenn es im Konsum morgen Hammelkeule gibt, vergifte ich das Aas!"

1972

Im Jahre 1972 gehörten Tiefkühlschränke, die eine ordentliche Bevorratung möglich machten, noch zu den Raritäten.

Lebersüberdruß

Ach, wie war es einst so schön, wenn man im Restaurant die Speisekarte durchlas und plötzlich der Ober hinter vorgehaltener Hand flüsterte: „Eine Portion Leber wäre noch da!" Was bedeuteten einem da noch Steak und Entenbraten, Forelle blau oder Heilbuttfilet Müllerin Art? Leber! Das war ein Zauberwort, welches augenblicklich Glücksgefühl hervorrief.

Oder wenn man vom Fleischer nach Hause kam, das Paket auswickelte und zwischen den Koteletts, dem Rostbeef und dem Aufschnitt ein kleines Päckchen fand, das eine gütige Verkäuferin unauffällig und unaufgefordert dazugelegt hatte. Leber! Wonnen durchströmten einen allein beim Anblick, wie ein Kind beim Öffnen einer Wundertüte.

Jedermann weiß von der psychologischen Wirkung eines Erfolgserlebnisses. Und jedermann weiß, daß ständige Wunscherfüllung abstumpft.

Unser Leben ist ärmer geworden, seit wir so reich an Leber sind. Anfangs machten wir Witze darüber, daß es der Landwirtschaft nun endlich gelungen sei, Schweine mit Lebern zu züchten. Wir trauten dem biologischen Wunder nicht recht und aßen uns dick und rund. Schließlich streikten die Kinder und zitierten den berühmten Satz mit Kandelaber. „Ich kann de Laber nich mehr sehn!" Jetzt hängt uns allen die Leber schon zum Halse raus. Und wenn's auch ungesund ist – wir stehen wieder auf Eisbein.

24

Ach, wie war es einst so schön, als die Leber noch eine exotische Delikatesse war und Sonne in unser Leben brachte. Vorbei, verweht. Nie wieder?

1972

Der Mütterabhörer
im Dienste der Kunst

Technisch ungebildete Leute leiden oft unter starken Komplexen. Angesichts eines Menschen, der ein defektes Reglerbügeleisen oder ein Fernsehgerät reparieren kann, befällt sie ehrfürchtiger Schauer. Ich weiß, wovon ich rede, denn in technischer Unbildung halte ich seit Jahren die Weltspitze. Dabei sind manche technischen Vorgänge ganz einfach, gewissermaßen direkt aus dem Leben gegriffen. Nehmen wir zum Beispiel die Herstellung der Schallplatte. Sie unterscheidet sich nicht wesentlich von der Herstellung des Menschen, und davon versteht schließlich jeder etwas. Zugegeben, Menschen entstehen in allen Bezirken, Kreisen, Städten und Gemeinden unserer Republik, während Schallplatten nur in Babelsberg produziert werden. Aber die Scheiben-Geburtenziffer beträgt täglich zwanzigtausend Stück, und daneben sieht der Mensch ganz schön alt aus.

Ich will versuchen, Ihnen die Sache mit der Schallplatte so zu erklären, daß Ihnen ihre Ähnlichkeit mit der kleinsten Keimzelle des Staates sofort ins Auge springt.

Kümmern wir uns mal gar nicht darum, daß die Angelegenheit – wie alle wichtigen Dinge – in Berlin ihren Ursprung hat, nämlich in der künstlerischen Abteilung des VEB Deutsche Schallplatte. Diese Leute interessieren sich überhaupt nicht für die Schallplatte als solche, denn sie nehmen die ganze tönende Kunst

er Mütterablöser im Dienste der Kunst

mit Spezialbändern auf. Wir wollen auch das Gerangel mit den Dirigenten und anderen Interpreten ignorieren, die immer und immer wieder einen Kratzer in ihre Aufnahmen hineinhören, bis sie endlich ja und amen sagen, weil ihnen die Ohren abgefallen sind. Nun wird alles auf eine Lackfolie umgeschnitten, und ab geht die Post nach Babelsberg. Und was tun diese Brüder? Sie versilbern die Folie, aber ehe man noch was Böses denken kann, kommen schon die Galvaniseure geflitzt und stecken die silberne Platte in ein Nickelbad. Es erfolgt die erste schmerzliche Trennung, der Lack ist ab. Übrig bleibt das metallene Negativ.

Nun wird die Ähnlichkeit von Mensch und Scheibe überdeutlich, denn hier wie da wird das Negativ Vater genannt. Wie negativ so ein Vater ist, beweist schon die Tatsache, daß er durch mehrmaliges Pressen etliche Mütter zeugt. Diese sind positiv. Schließlich können sie ja nichts dafür. Die Frage ist nur, ob sie auch gut sind, und das unterscheidet die Schallplattenproduktion nun wieder wohltuend von der uns bekannten Keimzelle: Nur gute Mütter dürfen Söhne haben!

Allerdings ist es bei den Schallplatten wesentlich einfacher, die Güte der Mütter zu ermitteln. Sie werden einem strengen Verhör unterzogen. Dies geschieht durch einen Menschen mit absolut untrüglichem Gehör, dessen korrekte Berufsbezeichnung Mütterabhörer ist. Wir drangen ungebeten in die schalldichte Kemenate des 2. Mütterabhörers Bodo Lehmann ein und ertaubten vor Mitgefühl. Es sang da die gute Mutter Frank Schöbel das zärtliche Lied vom Gold auf ihren Haaren, und das mit neunzig Phon Lautstärke. Mütterabhörer Lehmann brüllte uns zu, daß er bei noch so leisem Knistern und Knacken verpflichtet ist, die Mutter aus dem Verkehr zu ziehen. Manchmal kann er eine Mutter auch retten, indem er sie operiert. Wenn beispielsweise eins von Schöbels Goldhaaren auf die Platte fällt, bedeckt es fünf Stereorillen. So was fummelt der Mütterabhörer dann ohne weiteres mit einer Spezialnadel heraus, und die Mutter ist wieder gesund. Nun endlich kann sie den ersten Sohn haben. Er entsteht in der Abteilung Musterpresserei bei hundertfünfzig Grad und zweihundert Atmosphären Druck. Das sind Preßwehen, meine Damen! Die eigentliche Geburt erfolgt wiederum in der Galvanik, wo Mutter und Sohn voneinander getrennt werden. Aber noch darf der Junge nicht in die weite Welt hinaus, er muß erst zu Herrn Richter. Und was spricht der? Er spricht den Sohn frei, vorausgesetzt, daß auch dieser, mit neunzig Phon brüllend, tremolierend und rezitierend, keine unbotmäßigen Nebengeräusche von sich gibt.

Freigabetechniker Karl-Heinz Richter ist den Berliner Platten-Chefs der liebste, denn seine Ohren sind nicht nur auf technische, sondern auch auf künstlerische Mängel geeicht. Seine Nachbarn hingegen haben ihn nicht so gern, denn Zimmerlautstärke ist ein nicht mehr erlernbares Fremdwort für ihn. Wenn nun auch die Berliner Freigabe für den musterhaften Sohn vorliegt, teilt die Absatzabteilung die Höhe der Auflage mit. Damit tritt das Gesetz der Serie an sechzehn Pressen in Kraft.

In der Preßform wird das aus der CSSR stammende PVC-Granulat auf 110 bis 140 Grad erhitzt. Der fertige Sohn kommt immerhin noch mit 40 Grad Celcius aus der Maschine, und sogleich klebt ihm der Presser ein Etikett auf den Bauch. Schließlich will man ja wissen, wie das Kind heißt. Die jungen Damen im akustischen Kontrollraum wissen das allerdings nicht. Genauer gesagt, sie hören überhaupt nicht hin. Ihnen ist es egal, ob es in ihrem Kopfhörer singt oder fiedelt oder ob einer ein Gedicht aufsagt. Sie hören nur, wann es holpert und knistert und kratzt. Dann allerdings schlagen sie Krach, und es beginnt eine Verfolgungsjagd, bis die Ursache des Fehlers gefunden ist.

Daß die akustischen Kontrolleurinnen für die jeweiligen Kunstgenüsse keine Ohren haben, hat seine Vorteile. Da gab es mal eine Kollegin, die dieses Talent nicht besaß. Wochenlang hörte sie täglich acht Stunden eine Platte ab, auf welcher die herzergreifende Schnulze „Heimweh" vorkam. Und just an dieser Stelle mußte sie immer furchtbar weinen, täglich viele Male. Sie hat gekündigt, weil sie's an den Augen bekam.

Sofern die erhitzten Söhne gesund sind, dürfen sie noch vierundzwanzig Stunden nach ihrer Geburt ruhig liegenbleiben und abkühlen. Dann werden sie in die Tasche gesteckt. Probieren Sie mal zu Hause, wie viele Platten Sie innerhalb einer Stunde in diese sperrigen Papptaschen bugsieren können. Die flinken Babelsberger Arbeiterinnen schaffen sechstausend Stück in acht Stunden! Danach verschwinden jeweils zwanzig tönende Söhne in einem Karton, und nun wird ausgeliefert.

Absatzsorgen gibt es nicht, denn der Bedarf kann noch immer nicht gedeckt werden. Und da ist es dann wieder genau wie bei den Menschen: Keine Platten, keine Platten!

1972

Film und Ökonomie

Wie die werktätigen Menschen bei uns über Kunst, speziell über die Film- und Fernsehkunst reden, das ist manchmal direkt ein bißchen fläzig. Wenn sie nicht vor Begeisterung vom Sessel gefallen sind, wollen sie immer gleich wissen, was das nun wieder gekostet hat und ob die Flimmerfritzen noch bei Troste sind.

Dabei geht es bei den Film- und Fernsehleuten nicht anders zu als bei der restlichen werktätigen Bevölkerung. Da werden vorbereitende Planbesprechungen gemacht, richtige Planbesprechungen und Diskussionen über die fertigen Pläne. Und hier wie überall ist fleißig die Rede von Ökonomie der Zeit, Prinzip der strengsten Sparsamkeit und natürlich von der pünktlichen Erfüllung der Pläne. Und erst dann geht die Filmkurbelei los.

Nun ist es allerdings mit der Kunst nicht so leicht wie beispielsweise mit der Produktion von Küchenmessern. Geschmacksfragen fallen da schon mal flach, und auch politische Mißverständnisse sind nicht möglich. Wenn die Dinger ordentlich schneiden und nicht gleich aus den Griffen brechen, ist die Sache geritzt. Ganz anders bei der Film- und Fernsehkunst!

Ich hatte neulich Gelegenheit, der Vorführung eines künstlerischen Halbfertigprodukts beizuwohnen. Der Regisseur und die übrigen künstlerischen Kader zeigten einem Gremium von Leitungskadern ihren neuesten Film. Ein richtiger Film war's noch nicht, sondern erst der sogenannte Rohschnitt. Das sollte nun noch mal ganz fein auseinandergeschnitten, neu zusammengeklebt, mit Sprache, Musik und anderen menschlichen Geräuschen versehen und erst dann den Konsumentenkadern gezeigt werden. Aber man bekam auch so schon einen schönen Eindruck. Es handelte sich um die Geschichte einer großen Familie, die wie Pech und Schwefel zusammenhält. Natürlich gab's auch Konflikte, aber in der kinderreichen Keimzelle ging alles seinen ordentlichen Gang.

Anschließend hatten die Leitungskader mit den Künstlerkadern eine fruchtbare Diskussion. Jeder einzelne sagte noch einmal, was er gesehen beziehungsweise was er gemeint hatte, und alle fanden, daß unser neues Lebensgefühl und auch die Probleme der Kinderreichen sehr schön zum Ausdruck gekommen seien. Eigentlich war schon alles in Tüte und Papier, und die Künstler hätten nun mit der sogenannten Endfertigung ihres Films beginnen können. Da meldete sich der stellvertretende Studiodirektor noch einmal zu Wort.

„Ich weiß nicht recht", sagte er bescheiden, „ich glaube, es könnte nicht schaden, wenn die Solidarität innerhalb dieser Familie noch deutlicher herausgearbeitet würde. Zum Beispiel könnte ich mir eine Szene denken, in der sich die ganze Truppe auf die Suche macht, als der jüngste Sohn nach dem Sandmann immer noch nicht zu Hause ist. Was meint ihr?"

Die übrigen Leitungskader blickten auf die Uhr und fanden, dies sei ein beherzigenswerter Vorschlag. Dann brachen sie auf, um wenigstens bis zum Sandmann zu Hause zu sein.

Der Regisseur und seine künstlerischen Kader waren ziemlich bedeppert. Immerhin verfügte ihre Film-Familie über neun Kinder im Alter von drei bis einundzwanzig Jahren sowie über Vater, Mutter, Oma und Opa. Das waren sechs Erwachsene, zwei Jugendliche und fünf Kinder. Drei der Erwachsenen hatten Engagements an Berliner Theatern, die Oma-Darstellerin wirkte still, aber dafür allabendlich an den Parchimer Bühnen, der Opa tingelte freiberuflich, und die älteste Töchter war hauptberuflich Friseuse sowie Gattin des Oberbeleuchters. Die Jugendlichen gingen in die Lehre, die Kinder teils in den Kindergarten, teils in die Schule.

Dieses bunte Völkchen, das nach offiziellem Drehschluß wieder seinen gewohnten Tätigkeiten oblag, erneut für zwei Drehtage loszueisen, konnte nur durch Zuhilfenahme eines göttlichen Wunders gelingen und wurde dem 1. Aufnahmeleiter übertragen.

Als er es nach vierzehntägigen Telefonaten, Besprechungen, Versprechungen, Schwüren, Tobsuchtsanfällen und Zahlungen verschiedenster Konventionalstrafen geschafft hatte, mußte er für vier Wochen zur Kur nach Bad Liebenstein.

Nicht geringer waren die Schwierigkeiten, die der technische Stab zu bewältigen hatte. Zunächst mußte ein Atelier frei gemacht werden, in dem die bereits abgebaute Dekoration, das Wohnzimmer der Familie, wiederaufgebaut wurde. Da der 3. Kameramann inzwischen die große Hellerau-Schrankwand käuflich erworben und in seine im 24. Stockwerk gelegene Neubauwohnung bugsiert hatte, erwuchsen allein aus dieser Bagatelle ungeahnte Ärgernisse, Kosten und Mühen.

Sodann war ein halbfertiger Wohnblock ausfindig zu machen, in dessen Treppenhaus der vermißte Knabe von seiner besorgten Familie wieder aufgefunden werden konnte. Der 2. Aufnahmeleiter, der Regieassistent und schließlich gar der Produktionschef hatten die größte Not, den VEB Hochbau von der Wichtigkeit dieses künstlerischen Vorhabens zu überzeugen. Aber auch das gelang.

Endlich mußten Schienen für den Kamerawagen verlegt, ein Aggregat für die Stromversorgung aufgestellt, eine fahrbare Unterkunft mit Kaffee-und Bockwurstausschank installiert und von anderen Produktionen Beleuchter, Maskenbildner, Kinderbetreuerinnen und eine Ateliersekretärin ausgeliehen werden. Die Kraftfahrerbrigade war Tag und Nacht im Einsatz, wofür sie eine größere Prämiensumme beantragte und auch erhielt.

Ich ließ es mir nicht nehmen, die bewundernswerten Leistungen des Drehstabes pausenlos mit Stenogrammblock und Kugelschreiber zu verfolgen. Als die letzte Aufnahme im Kasten war, fühlte auch ich mich wie der Sieger in einer harten Produktionsschlacht, die allen Beteiligten das Äußerste abverlangt hatte.

Man sieht daran, daß die Leute oft oberflächlich urteilen, wenn sie glauben, beim Film würde nicht hart gearbeitet.

Gestern war übrigens die Vorführung des nunmehr fertigen Films vor denselben Leitungskadern. Diesmal konnte sogar der Studiodirektor begrüßt werden, der es seinerseits sehr begrüßenswert fand, daß ein so schönes, optimistisches Werk zum Problem der Kinderreichen entstanden sei.

„Ich habe nur einen kleinen Einwand, liebe Freunde", sagte er bescheiden, „diese Rumhampelei von Kleinstkindern und gebrechlichen Alten nachts auf einer gefahrenreichen Baustelle setzt uns nur unnützen Diskussionen aus. Die paar Meter schneidet ihr einfach raus."

1973

Erholung tut not

Die Familie war hochgradig urlaubsreif. „Ruhe", schrie der Vater durchs Haus, „ich habe einen anstrengenden Arbeitstag hinter mir. Das Fernsehen wird ausgemacht, ich muß mich aufs Parteilehrjahr vorbereiten."

Der Sohn brüllte los, als habe ihn wilder Schmerz befallen, während die Tochter im Tonfall einer Megäre blaffte: „Den Film muß ich sehen, für Deutsch und Stabü*. Du diskutierst ja nicht mit den Paukern, wenn ich durchhänge."

„Dann setz dich doch mit dem Parteikram ins Kinderzimmer", schlug die Mutter einlenkend vor.

Die Stimme des Vaters nahm eine hysterische Färbung an. „Kinderzimmer? Saustall wolltest du sagen! Da kann ich keinen Gedanken fassen."

„Räumt gefälligst auf", befahl die Mutter den Kindern.

„Ich muß den Film sehen", sagte die Tochter mit Nachdruck.

Der Sohn heulte wieder los. Ihm war zumindest unterbewußt, daß im wesentlichen sein herumliegendes Spielzeug das Zimmer zum Saustall degradierte.

Die Mutter wollte gerade Salat waschen. Als sie in ihrer Nervosität kochendes Wasser über die zarten grünen Blätter goß, begann auch sie zu heulen. Sie schmiß den ganzen Krempel hin und kam ins Wohn-

* Stabü – Staatsbürgerkunde

zimmer. Sofort scharten sich ihre Lieben um sie und begannen sie lauthals zu trösten.

„In drei Tagen ist es soweit", sagte der Vater außerordentlich väterlich, „dann steigen wir ins Auto und fahren nach Thüringen. Nieder mit der Hektik der Großstadt und der überfüllten Ostseebäder – wir ziehen die Einsamkeit des Waldes vor, wo Hirsch und Reh an Onkel Wilhelms Blockhütte kratzen. Dort werden wir die Nächte verbringen, während wir am Tage den Balsam der Höhenluft, der Blaubeeren und Pfifferlinge genießen. Wartet nur, balde!" beschloß er seine Rede, und die Familie hielt sich bei den zitternden Händen, die in drei Tagen schon nahe der Oberhofer Höh ihre verdiente Ruhe finden sollten.

Die Fahrt verlief zunächst recht vergnüglich. Die Sonne schien, die Autobahn war mäßig überfüllt. Die Familie sang Festivallieder in einer Lautstärke, die einen Verkehrspolizisten irritierte. Er hob den Stab und befragte den Vater, ob ihm mehr an einer Quittung über zehn Mark oder an zwei Stempeln gelegen sei.

„Wieso", fragte der Vater entrüstet, „weil wir fröhlich sind und singen?"

Aber der Polizist war gar kein Singe-Muffel, er hatte nur was gegen überhöhte Geschwindigkeit. Der Vater zahlte. Mit Gesang und Fröhlichkeit war's vorbei.

„Das ist kein Auto, sondern 'n Schwitzkasten", sagte die Tochter und drehte ihr Fenster runter.

„Es zieht", brummte die Mutter, „wo der Junge immer so leicht Angina kriegt!"

„Ich muß mal", quengelte der Sohn.

„Das hättest du zu Hause machen können", schimpfte der Vater, „hier kann ich nicht halten."

„Wenn er aber doch jetzt muß", gab die Mutter zu bedenken.

„Der kann sich alles erlauben", meckerte die Tochter, „wenn ich mal was will, is immer gleich Kaleika."

„Ruhe", brüllte der Vater.

Die Blockhütte war ein Pracht-Bungalow. Onkel Wilhelm versäumte nicht zu erwähnen, daß vier Jahre seines Lebens sowie stattliche Summen in dem Bau steckten. Sorgsamste Pflege sei das mindeste, was er verlangen könne. Und das herrliche Wetter habe er uns extra bestellt. Dann ging er.

„Drinne isses mir zu heiß", entschied die Tochter, weil sie beim Kofferauspacken helfen sollte.

„Draußen is son oller Wind", sagte der Sohn, der auf der Bergwiese spielen sollte, damit er der Familie nicht störend zwischen den Beinen herumlief.

„Gott sei Dank, kein Fernseher!" rief der Vater beglückt.

„Was?" schrien beide Kinder gleichzeitig.

„Hier ist nicht nur kein Fernseher, sondern überhaupt kein elektrischer Strom", sagte die Mutter spitz und räumte Haartrockner, Toaster und Tauchsieder wieder in den Koffer.

Der Vater griff sich ans Kinn. „Dann darf ich mir wohl endlich einen Bart stehen lassen?"

„Untersteh dich", rief die Mutter, „du gehst sofort ins Dorf und kaufst dir Rasierpinsel und Klingen."

Der Vater entfernte sich kommentarlos, um den Schuppen zu besichtigen. Als er vor dem Bungalow einen Holzkohlengrill installiert hatte, vergaß die Mutter vor Entzücken den Rasierbefehl.

„Habt ihr schon den Kamin gesehen?" fragte sie.
Die Kinder kamen herbei und nahmen ihn in Augenschein.

„Mach mal Feuer", verlangte der Sohn. „Jetzt nicht", sagte der Vater, „die Sonne steht auf dem

Schornstein, und außerdem ist es ja wohl warm genug."

„Ich kann die Kinder verstehen", sagte die Mutter milde, „schließlich haben sie noch nie ein offenes Feuer gesehen."

„Großartig", brummte der Vater, „jetzt soll ich bei dreißig Grad im Schatten den Kamin heizen, damit diese verzogene Bande bei offenem Feuer rösten kann."

„Vielen Dank", flötete die Mutter, „aber wer diese Bande verzogen hat, wollen wir in deinem Interesse lieber nicht erörtern. Ich erinnere nur an das Klappfahrrad. Ein Siebenjähriger braucht ja dringend ein Klappfahrrad, während ich die schweren Netze aus dem Konsum schleppen darf."

„Was hat denn das Klappfahrrad damit zu tun? Ich weigere mich ja nur, bei dreißig Grad im Schatten zu heizen."

„Wer redet denn vom Heizen? Die Kinder wollen ja nur mal ..."

„ ... ein offenes Feuer sehen, natürlich. Und das auf der Stelle. Also gut, ich werde den Kamin heizen, aber nur, um all den überflüssigen Plunder hineinzuschmeißen, den ihr gegen meine Bitten doch mitgeschleppt habt!"

Die Mutter schob schnell ihr orangefarbenes Lurexkleid samt Goldsandaletten in die Tiefen einer Truhe. Der Sohn verschwand mit einem Campingbeutel auf der Bergwiese. Nach wenigen Minuten brüllte er wie am Spieß: „Der doofe Wind hat den Wasserball und die Ente weggepustet!"

Der erste Urlaubstag auf der einsamen Berghütte bot noch folgende Zwischenfälle: Der Vater verbrannte sich beim Kaminheizen die Finger, angeblich, weil kein Feuerhaken vorhanden war; der Sohn ließ die heimlich entwendete neue Digitaluhr seiner großen

Schwester ins Plumpsklo fallen, gestand aber erst am nächsten Morgen; die Mutter riß bei der Suche nach Wachskerzen eine echt Delfter Kachel von der Wand und bekam vor Aufregung einen Gastritis-Anfall, wofür die entsprechenden Medikamente zu Hause im Sanitätsschrank lagen.

Am folgenden Tag regnete es. Die Familie spielte Mensch-ärgere-dich-nicht. Der Sohn verlor und verschluckte aus Wut den einzigen Würfel. In der Nacht drang eine versprengte Kuhherde durch das Gatter der Bergwiese und fügte dem Auto einige Beulen sowie Spinatflecke zu.

Der dritte Tag verlief trotz strahlender Sonne sehr gedämpft, weil der Vater wegen seiner Depressionen (Auto!) jeden menschlichen Laut verbot. An weiteren Tagen mußte der Sohn zwecks Empfangs einer Spritze zum Arzt gefahren werden (er hatte aus dem Wald einen toten Hasen mitgebracht), die Tochter klemmte sich die Finger an einem Liegestuhl blutig, die Mutter würzte eine mühsam gesammelte Schüssel Blaubeeren aus Versehen mit Salz, unter Beteiligung der gesamten Familie stürzte ein sorgfältig gedeckter, aber schlecht aufgestellter Klapptisch mit Getöse zusammen. Stumm vor Entsetzen saßen alle um das Scherben- und Speisechaos, hielten sich bei den zitternden Händen, um Trost zu spenden und Trost zu empfangen.

„In drei Tagen ist es soweit", sagte der Vater außerordentlich väterlich, „dann steigen wir ins Auto und fahren nach Hause in unser ruhiges, gemütliches Berlin." Und die Gesichter von Vater, Mutter, Tochter und Sohn waren von einem Glück überstrahlt, das die Großstädter den Urlaubsheimkehrern mit Recht immer so neiden.

1973

Ein konfliktloses Leben

Fiete Lamprecht ist einer der ältesten Jungen Autoren. Das ist kein Widerspruch, sondern der Name einer hochoffiziellen Arbeitsgemeinschaft. In der AJA sammeln sich mehr oder weniger begabte ältere Junge Autoren und junge Junge Autoren, die fleißig schreiben und zum Teil auch schon Bücher und andere Dichtwerke herausgebracht haben. Schriftsteller sind sie deshalb noch nicht. Schriftsteller ist man erst, wenn man in die stolzen Reihen des Schriftstellerverbandes aufgenommen wird. In diesen Reihen befinden sich ältere und junge Autoren, die durchaus nicht alle fleißig schreiben und zum Teil auch noch keine Bücher oder anderen Dichtwerke herausgebracht haben. Die Jungen Autoren (AJA) haben alle einen erlernten Beruf, von dem sie leben. Die richtigen Schriftsteller hingegen leben von der Schriftstellerei, selbst wenn die Öffentlichkeit davon gar nichts zu sehen bekommt. Aber ich will nicht spitzfindig werden, sondern mich über Fiete Lamprecht beklagen. Der faule Hund schreibt nämlich nicht mehr, und seit er nicht mehr schreibt, ist er auch kein eingetragener Junger Autor mehr, sondern nur noch der olle Fiete aus Mecklenburg.

„Was soll ich schreiben?" fragt Fiete, der beileibe nicht zugibt, daß er faul ist. „Es passiert ja nichts. Früher, als wir die Junker noch hatten, da gab's Not und Ungerechtigkeit. Und nach fünfundvierzig, als wir

Ein konfliktloses Leben

den neuen Staat aufbauten, da gab's Schwierigkeiten und Unverständnis. Das hab ich alles schon geschrieben."

„Du spinnst, Fiete", sage ich, „auch jetzt gibt's noch Schwierigkeiten und Unverständnis, sogar Ungerechtigkeit."

„Bei mir nicht", brummt Fiete, „bei mir läuft alles glatt, ohne Konflikte. Und wenn ich mich nicht aufregen kann, kann ich auch nicht schreiben. Da geht's mir wie dir."

Ich sehe mich um bei Fiete. Er bewohnt ein wunderschönes neues Haus am See. „Wann hast du das gebaut?" frage ich.

„1967", sagt Fiete.

„Und jetzt haben wir 73", sage ich triumphierend. „Sechs Jahre für ein Haus! Willst du behaupten, das sei ohne Konflikte verlaufen?"

Fiete sieht mich verständnislos an. „Wieso sechs Jahre? Ich hab im Frühjahr 67 angefangen zu bauen, und im Herbst 67 sind wir eingezogen. Ein halbes Jahr Bauzeit – ist das nicht ordentlich?"

„Hör auf", sage ich wütend, „du hast einen aufgeklärten DDR-Bürger des 20. Jahrhunderts vor dir. So was gibt's gar nicht!"

Fiete zuckt die Achseln. „Ich hab viel rumtelefoniert. Manches hab ich natürlich selbst gemacht, ausschachten, verschalen und so. Und die Verwandten haben geholfen, das sind Stücker zehn ausgewachsene Männer."

„Trotzdem", sage ich, „das Haus ist doch akkurat gebaut, da waren doch Fachleute am Werk."

„Was denkst du denn", sagt Fiete, „natürlich hatte ich Gerüstbauer und Maurer und Zimmerleute und Heizungsmonteure. Ist doch klar."

„Und wie hast du die alle gekriegt?"

„Ich habe eben rumtelefoniert", sagt Fiete, „und mit manchen hab' ich in der Kneipe geklönt."

„Und das Material?"

„Vom VEB Baustoffversorgung. Das Holz von der Tischlergenossenschaft."

Jetzt verstehe ich. „Du hast im Lotto gewonnen, Fiete, du hast alle korrumpiert, stimmt's?"

Fiete wird böse. „Das sagst du nicht noch mal! Ich habe für alles Rechnungen. War doch ein Baukredit! Denkst du, Fiete Lamprecht macht krumme Dinger? Das laß nich meinen ollen Vadding hören!"

Erna kommt herein, Fietes Frau. „Die Werkstatt hat angerufen", sagt sie, „du kannst den Wagen nachmittags abholen."

„Mir ist nämlich gestern früh die Kurbelwelle gebrochen", erklärte Fiete.

Ich muß mich kneifen, um sicherzugehen, daß ich nicht träume. Aber ich träume nicht, und Fiete spricht die Wahrheit. Sein Leben verläuft so konfliktlos, daß ihm einfach nichts für seine kritische Feder einfällt. Beneidenswerter Mann! Nur, daß er so bannig früh aufstehen muß.

Aber um vier Uhr müssen sie nun mal im Kahn sein – die Aalfischer vom Kummerower See.

1973

Die Überraschung

Ich mußte ganz dringend mit Erwin sprechen. Ganz, ganz dringend. Erwin wohnt in Potsdam. Per Telefon ein Katzensprung. Man wählt die Vorwahlnummer 023 und dann die Potsdamer Nummer. Soviel zur Theorie. Praktisch brauchte ich nur die Null zu wählen, dann war schon besetzt. Zwölfmal hintereinander. Beim dreizehnten Mal ertönte das Besetztzeichen erst nach der Drei. Dieser Zustand währte eine knappe Stunde lang. Ich wählte unverdrossen. Schließlich mußte ja mal einer der vielen Berliner aufhören, mit einem der vielen Potsdamer zu telefonieren. Endlich, nach zwei Stunden und sieben Minuten, war es soweit: Null, zwei, drei – die Leitung war frei. Mit spannungsgeladenem Finger wählte ich Erwins Nummer: 2 52 52. Das heißt, ich wählte zuerst die Zwei. Dann hatte ich auch schon eine Verbindung. Allerdings nicht mit Erwin, sondern mit der Kollegin Priesewitz vom Milchhof, die ihrer Freundin anvertraute, ihr Chef sei ein Eierkopf und verstünde nichts von Weißem Käse. Es interessierte mich schon, aber Erwin war dringender. Es vergingen wieder fünfzehn Minuten, bis ich die Vorwahl überstand. Ich wählte die Zwei, die Fünf und wieder die Zwei und erfuhr, daß Inge nicht mehr mit Dieter leben wollte. Nicht, nachdem die Sache mit Gisela passiert sei. Ich stimmte ihr zu, aber mehr konnte ich für sie nicht tun, weil ich so dringend mit Erwin sprechen mußte. Diesmal kam ich glatt über die Vorwahl. Da klingelte es. Nanu? Ich hatte doch den Hörer in der Hand! Es klingelte wieder. An der Tür. Als ich öffnete, stand Erwin vor mir. Das war vielleicht eine Überraschung!

1973

Des Meeres und der Liebe Wellen

He Sie, junger Mann! Haben Sie Ärger mit Ihrer Wirtin? Ist sie eine, die aus Sorge um ihre Stores sämtliche Aschenbecher aus dem Zimmer räumt? Die nicht duldet, daß der Elfenreigen zugunsten textilfreier Bienen von der Wand genommen wird? Die bei jeder Mietzahlung jammert, daß ihr voriger möblierter Herr viel großzügiger gewesen sei? Haben Sie also den Kanal gestrichen voll? Dann wechseln Sie doch einfach mal die Tapete!

Wie wär's mit einer Zwei-Mann-Kabine auf einem Luxus-Motorschiff? Ist zwar ein bißchen eng, aber sehr gemütlich. Was braucht der Mensch denn mehr als Bett, Spind, Tisch und Stuhl! Platz für Kassettenrecorder, Bücher und Wandschmuck individuellster Art ist allemal. Und der Kumpel, der mit Ihnen das Bullauge teilt, mosert bestimmt nicht, wenn Sie Ihrem Fräulein Freundin die neuesten Hits vorspielen wollen. Er kann ja so lange (nicht länger als bis 23 Uhr) ins Café gehen. Ist bloß ein paar Schritte weit, auf dem Zwischendeck. Oder ins Restaurant. Da gibt's sogar zweimal die Woche Kino. Warum denn nicht, wenn's nichts kostet! Kostet nämlich keinen Pfennig. Das Wort Miete entfällt ebenfalls. Und – luxuriöser geht's nun wirklich nimmer – die Bude wird täglich saubergemacht. Ein ganzes Geschwader teilweise lieblicher Putzteufel befindet sich an Bord.

Ich weiß, Sie haben mir im Geiste längst ein paar saftige Schellen angeboten. Verscheißern, sagen Sie, wenn Sie mein Landsmann sind, kann ick mir alleene. Sollten Sie einer anderen Dialektfamilie angehören, lassen Sie vielleicht nur ein höhnisches „Äscha" fallen. Jedenfalls glauben Sie mir kein Wort. Aber ich will zeitlebens auf einem Fliegenden Holländer spuken, wenn ich nicht die reine Wahrheit sage!

Die ganze Geschichte begann vor einem Jahr. Mögen auch Handel und Gastronomie mit unzähligen unbesetzten Planstellen auskommen, die Schiffswerft in Stralsund kann es nicht. Außerdem sahen die meisten angestammten Schiffsbauer und Schweißer schon ganz schön alt aus. Frisches und vor allem junges Blut mußte her. Aber woher? Stralsund ist groß, nur eben ein bißchen klein. Zu klein jedenfalls, um die Werft mit genügend Arbeitern zu versorgen. Da kam die FDJ auf die Idee, ihren Mitgliedern einen einjährigen Ostsee-Aufenthalt vorzuschlagen. Es wurde nicht verschwiegen, daß die jungen Arbeiter auf der Werft ordentlich ranklotzen sollten, aber das Trecken der Ostseewellen am Strand war für das Jugendaufgebot eine angenehme Begleitmusik.

Sie wurde auf der Oberhofer Höh ebenso gehört wie im Schwarzatal, in der Märkischen so deutlich wie in der Sächsischen Schweiz. Hunderte junger Schweißer, Schlosser, Transportarbeiter packten den Seesack und begaben sich nach Stralsund. Natürlich kamen nicht alle aus reinem Edelmut. Den einen oder anderen lockten allein des Meeres und der Liebe Wellen, und diese Sorte Zugvögel konnte auf die Dauer an der Küste nicht heimisch werden. Das Meer war zwar vollinhaltlich vorhanden, nur mit der Liebe haute es nicht so recht hin. Mag Stralsund auch eine Menge Naturschönheiten zu bieten haben – rein mädchenmäßig ist es ein ausgesprochen unterentwickelter Landstrich. Zum Schiffsbau aber braucht der Mensch, vornehmlich der junge, ein ausreichendes Maß an Lust und Liebe. Dank dieser dialektischen Kausalkette verlor die Werft wieder einen Teil ihrer Besatzung.

Den Mut verlor jedoch niemand. Das Jugendaufgebot wurde verlängert. Die Stralsunder Stadtväter sind sich mit der Werftleitung darin einig, daß die Jugendlichen zur Seßhaftigkeit verführt werden sollen. Und die Verführung ist wirklich groß.

Das am Anfang beschriebene Luxus-Motorschiff, unsere gute alte „Fritz Heckert", liegt fest vertäut im Hafen und dient 420 jungen Männern als Hotel. Momentan ist es unterbelegt. Käpt'n Beitz, an dessen Befehlsstand die mehr gastronomisch anmutende Bezeichnung „Objektleiter" steht, hat noch 120 Betten frei. Diese achtgeschossige Insel der Jugend ist eine absolut autonome Republik. Das Schiff erzeugt seinen eigenen Strom, verfügt über ein Tag und Nacht geöffnetes Mini-Krankenhaus, eine Konsumverkaufstelle, Tanzsalon mit Bar, mehrere Lokalitäten mit der kleinsten Preisstufe (ein halbes Hähnchen 2,90 Mark!), drei Fernsehräume und ein Hallenschwimmbad, das jedem Hollywood-Film zur Ehre gereichen würde. Da das Aufgebot bisher noch keinen ausgebildeten Bademeister angeschwemmt hat, ist das Bad nur dreimal wöchentlich geöffnet. Dann hält ein „ehrenamtlicher Rettungsschwimmer auf Honorarbasis" die Wasserwacht. Bisher war auch dieses Vergnügen für die Bordbewohner kostenlos, aber da sie FDJler sind und demzufolge an den Weltfestspielen nicht uninteressiert, zahlen sie freiwillig einen Obolus von 30 Pfennig. Das Geld wird dem Festivalkomitee überwiesen. Ebenso alle Einnahmen der wöchentlich einmal stattfindenden Diskothek. Apropos Geld. Die jugendlichen

Schiffseigner erhalten einen täglichen Verpflegungs-
zuschuß von 5 Mark. Selbst der größte Vielfraß kann,
wenn er die teuersten Gerichte wählt, nicht mehr als
5,80 Mark auf den Kopf hauen. Damit bietet die „Fritz
Heckert" zu all ihren Extras auch noch freie Kost und
Logis.

Das alles klingt fast zu schön, um wahr zu sein.
Aber es ist wahr. Wir haben uns durch Augenschein
überzeugt, und in unseren Ohren klingt noch der Seufzer eines Mitglieds der Werftleitung: „Schön ist die
Liebe im Hafen, sofern vorhanden, aber stärker ist oft
die Liebe im Heimathafen." Wenn das Fräulein Braut
zum Beispiel ungeduldig wird, weil ihr der (von der
Werft bezahlte) Wochenendurlaub des Bräutigams
zuwenig und die versprochene Wohnung in Stralsund
noch nicht fertig ist, dann verlassen die liebeskranken
Landratten das unsinkbare Schiff. Dabei könnte sogar
mit ein bißchen Geduld und Spucke und allerhand
staatlicher Unterstützung ein Eigenheim gebaut werden (150 solcher Projekte bietet das Jugendaufgebot).

He Sie, junger Mann, wenn Sie also Ärger mit Ihrer
Wirtin haben, dann hauen Sie doch einfach ab! Sie
können ihr ja mal einen Ostseeurlaub ermöglichen,
wenn das Haus am Meer fertig ist.

1973

49

Der Snob

Mein Nachbar Fredrichs ist ein unauffälliger Zeitgenosse. Er spricht nicht viel, was daran liegen mag, daß er nicht viel zu sagen hat, aber wenn man ihn braucht, kommt er sofort. Und man braucht ihn schon mal. Fredrichs ist Fernsehreparierer. Tagsüber repariert er in einer Produktionsgenossenschaft der Fernsehreparierer und abends aus Gefälligkeit in der Nachbarschaft. Unsere Nachbarschaft ist groß, und Fredrichs ist sehr gefällig. Auf diese Weise hat er noch nie Zeit gefunden, zu Hause mal in aller Ruhe vor dem Fernsehapparat zu sitzen. Natürlich kennt er den einen oder anderen Mattscheibenstar, aber alle nur häppchenweise, wie sie ihm eben so beim Reparieren über die Röhre laufen.

An den Wochenenden repariert Fredrichs nicht. Da bleibt er zu Hause, um seiner Frau zu helfen und sich mit Hilfe von Fachzeitschriften in der Kunst des Fernsehreparierens weiterzubilden. Hin und wieder kommt seine Tante zu Besuch. Sie ist der liebste Gast, den Fredrichs haben.

Die Tante wohnt in Westberlin, wo sie eine gehobene Beamtenwitwenpension aufessen kann. Aber die Tante ißt nicht viel. Sie macht lieber ihrem heißgeliebten Neffen und seiner Familie eine Freude. Auf diese Weise läuft die junge Frau Fredrichs stets in poppigen Fransengewändern herum, Herr Fredrichs raucht

Der Snob

Gauloises, und einen guten französischen Kognak hat er auch immer vorrätig.

Nun ist es nicht so, daß die Fredrichs ihr Tante ausnehmen. Im Gegenteil, sie schimpfen mit der alten Dame, wenn sie etwas Kostspieliges mitbringt. Sie empfehlen ihr, das Geld lieber zu sparen, denn die nächste Mietpreiserhöhung kommt bestimmt. Aber die Tante will nicht sparen, sondern Freude bereiten. Und deshalb fragt sie ständig, was es denn beim nächsten Mal sein solle.

Den Fredrichs fällt schon gar nichts mehr ein. Eines Sonnabends guckt sich die Tante lange in der Wohnung ihres Neffen um und entdeckt etwas, das es durchaus nicht zu entdecken gibt: Bücher. „Das wäre doch was", jubelt sie, „ich bringe euch ein Buch mit!"

Fredrichs schreien Zeter und Mordio, so ausgefallen kommt ihnen die Idee vor. Wozu braucht ein Mensch, der nicht mal genügend Zeit zum Fernsehen hat, Bücher? In diesem Punkt sind sich die Eheleute ganz einig. Bücher halten sie für Staubfänger, mehr nicht. Ja, wenn's noch ein schöner Rauchverzehrer wäre, der hätte wenigstens einen praktischen Sinn. Die Tante will auch einen Rauchverzehrer mitbringen, aber zuerst ein Buch.

Nun argumentieren die jungen Leute sachlich, daß es Rauchverzehrer und Bücher bei uns in rauhen Mengen gibt und garantiert billiger. Aber darauf kommt's ja Tantchen nicht an. Als sie ihr Neffe zur Bahn bringt, versichert sie ihm nochmals, sie werde beim nächsten Besuch ein Buch mitbringen. „Dann muß es aber schon was ganz Tolles, was richtig Ausgefallenes sein", sagt Herr Fredrichs grinsend.

Für diese Bemerkung macht ihm seine Frau schlimme Vorwürfe. „Stell dir vor, was sich die Tante bei der Zollkontrolle anhören muß, wenn sie vielleicht so einen Pornoschinken anschleppt!" Daran hat Herr Fredrichs nicht gedacht, weshalb er sich große Sorgen um seine Tante macht.

Aber die kommt nach vier Wochen strahlend mit einem elegant eingeschlagenen Päckchen an. „Hattest du denn keinen Ärger mit dem Zoll?" fragt ihr Neffe. „I wo", sagt die alte Dame. Sie erzählt, daß sie in einer großen Buchhandlung wunschgemäß etwas Besonderes, etwas wirklich Gutes für einen anspruchsvollen jungen Herrn aus dem Osten verlangt habe. Und das wäre es wohl auch, immerhin sei es in grünes Leder gebunden und koste mehr als zwanzig Mark.

Herr Fredrichs regt sich furchtbar auf. Mehr als zwanzig Westmark! Und noch dazu für ein Buch! Er wickelt mit zitternden Händen das Buch aus. Auf dem prachtvollen grünen Leder prangt die Aufschrift: Hermann Kant „Die Aula".

Die junge Frau Fredrichs starrt immerzu auf den Kassenzettel und beginnt hysterisch zu lachen. Die Tante ist mittlerweile so verwirrt, daß ihr die Tränen übers Gesicht laufen. Herr Fredrichs hat sich in eine Salzsäule verwandelt. Doch da das Buch nun mal da ist und soviel Geld gekostet hat, liest er es auch. Und er zeigt es stolz allen Nachbarn, denen er gefälligerweise, wenn auch nicht mehr so oft, nach Feierabend die Fernsehapparate repariert. Seither gilt Herr Fredrichs in unserem Kietz als Snob. Nur die Bibliothekarin ist anderer Meinung. Schließlich beweist ihr neugewonnener Stammleser Fredrichs, daß sie eine sehr gute Bibliothekarin ist.

1974

Die Auslandsreise als moralische Anstalt

Herr Mühlmann war ein still-vergnügter, bescheidener Dienstreisender, der auch im Ausland nichts weniger wünschte als aufzufallen. Bei dieser Reise in die CSSR fühlte er sich besonders glücklich und jugendlich-beschwingt, denn es war ihm gelungen, seine Sekretärin Anita mitzunehmen.

Anitas Dialekt machte jedermann sofort bewußt, daß sie aus jener Gegend stammte, in der die hübschen Mädchen bekanntlich auf den Bäumen wachsen. Aber das störte Herrn Mühlmann nicht sehr, obwohl er als überzeugter Mecklenburger eigentlich andere Klangfarben bevorzugte. Fräulein Anita war eben sehr hübsch.

Natürlich wußte sie, daß sie diese Reise ins Nachbarland der Fürsprache ihres Chefs zu danken hatte. Sie vergalt es ihm durch erhöhten Fleiß und vielversprechende Blicke.

Am Abend waren die Geschäfte erledigt. Herr Mühlmann machte sich das Vergnügen, seine Sekretärin in die Hotel-Bar einzuladen. Sie war entzückt, denn sie hatte noch nie in ihrem jungen Leben auswärts getanzt. Herr Mühlmann entrichtete dem livrierten Türhüter das Entree in Höhe von fünfzehn Kronen pro Person. Anita, vertraut mit Reisekostenabrechnungen und der beschränkten Menge Tagegeld, die ihnen zur Verfügung stand, schlug sofort vor, die Eintrittskarten als Belege zu behalten und sie unter „Sonstiges" abzubuchen. Herr Mühlmann lobte sie für ihre Tüchtigkeit.

Der irrsinnige Beatlärm klang zwar Anita vertraut in den Ohren, aber ihr Chef litt sichtlich. Nach der dritten Cola mit Rum fragte er zaghaft, ob man nicht lieber das Etablissement verlassen wolle, er habe noch eine heimatliche Flasche Kognak im Koffer, was Anita vielleicht im Hinblick auf das Tagegeld ... Sie verstand. Der livrierte Türhüter hatte sich mittlerweile in der Bar postiert. Draußen standen zahlreiche Tanzwütige, die wegen Überfüllung nicht eingelassen wurden. Als der Livrierte sah, daß der Herr und seine Begleiterin die Bar zu verlassen wünschten, schloß er die Tür auf und verlangte die Eintrittskarten zurück.

„Aber nein", sagte Herr Mühlmann, „die brauchen wir noch."

Darauf wurde die Tür wieder verschlossen, und der Livrierte entfernte sich achselzuckend.

„Also, nu werdsch verriggd!" entrüstete sich Fräulein Anita. Ihr Zorn lockte den Oberkellner an. Er fragte höflich, womit er den Herrschaften dienen könne. Herr Mühlmann bat um das Öffnen der Tür und der Oberkellner um die Rückgabe der Eintrittskarten. Herr Mühlmann, dem, wie gesagt, jede Art Aufsehen verhaßt war, zog die Karten aus der Tasche. Aber noch ehe der Oberkellner danach greifen konnte, hatte sie Anita schon an sich gerissen. „Das gommt scha garni in die Düde, Herr Ober", schimpfte sie los, „mir ham die Garden gegooft, nu wolln mersche ooch behaldn. Das sin Beläsche, vrstähn?"

Der Oberkellner verstand nicht, deshalb blieb er stumm, aber verbindlich lächelnd neben der Tür stehen.

„Hernse", hub Anita wieder an, „mir sin von Bärlin. Drheim missen mir abräschnen, un zum Abräschnen brauchen mir die Beläsche, vrstähn?" Die Augen aller Bargäste waren auf sie gerichtet. Herr Mühlmann wand sich in Qualen. „Ich bitte Sie, Fräulein Anita", bat er leise, „geben Sie die Karten heraus. Die paar Kronen können wir schon verschmerzen."

„Nu wiesodn?" fragte Anita, „Wie gomm mir denn drzu? Die Garden ham mir räschtmäßig gegooft, also gehernse uns, niwohr? Wo gämn mir denn da hin, wenn hier jäder sei Sübbschen abgochen wollde?"

Der Oberkellner freute sich, denn jetzt hatte er verstanden, „Gnädiges Fräulein kennen hier nicht Süppchen kochen, hier ist ein Nacht-Bar, bittschön!" „Horschense", fuhr ihn Anita an, „mir ham Garden gegooft ..."

„Gnädiges Fräulein haben einen Garten", sagte der Ober verwirrt und fügte, nachdem er „gegooft" tollkühn in „gekauft" übersetzt hatte, hinzu: „einen Garten gekauft! Meinen Glückwunsch, aber warum ...?"

„Anita", flehte der verzweifelte Mühlmann. Da sie ihn überhaupt nicht beachtete, verschwand er unbemerkt.

Anita war groß in Fahrt. „Sie, machense misch ni wahnsinnisch, mei Gudster, so gommse bei mir ni durch. Sie spärrn schetzt die Dür off, un mir gähn. Mit den Garden, glor? Die brauchen mir als Beläsch, zum Abräschnen, vrstähn?"

„Nix verstehn", sagte der Ober, ehrlich betrübt, „bitte, was ist Beläsch?"

„Ä Beläsch is ä Zeddel, eene Garde, irschend ä Beweisstick for de Gostenstelle, zum Abräschnen, vrstähn?"

Am nächsten Morgen um halb fünf klopfte Fräulein Anita übermüdet, aber siegesfroh an Herrn Mühlmanns Zimmertür. Sie mußte lange warten, bis er öffnete, denn er war schmerzhaft über eine leere Kognakflasche gestolpert. Anita reichte ihm strahlend die beiden Bar-Karten. „Isch bin ni eher gegangen, bis die discht gemacht ham", sagte sie stolz, „aber dann hat mich der Ober ändlich vrstanden."

„Ich bin Ihnen außerordentlich dankbar", sagte Herr Mühlmann matt und beschloß, seiner Frau diesmal etwas besonders Hübsches mitzubringen.

1974

Wie sich's der kleine Moritz vorstellt

Als vor Jahren der Roman „Geflügelzüchterin Hanna" von Alfons Bögelried erschien, geschah zunächst gar nichts. Er stand unbeachtet in den Regalen der Buchhandlungen herum und wurde weder verlangt noch empfohlen. Gewiß war er mit einigen nichtssagenden Worten im Börsenblatt angekündigt worden, aber die drei bis vier Buchhändlerinnen, die versucht hatten, das Buch zu lesen, hüteten sich mit Rücksicht auf ihre zukünftigen Umsatzpläne, es irgendeinem ihrer Kunden ans Herz zu legen.

Kurz gesagt, dieser Erstling des völlig unbekannten Alfons Bögelried war ein schlimmes Machwerk. Es spielte in einer märkischen Geflügelfarm, wo die Geflügelzüchterin Hanna in schweren seelischen Konflikt geriet, weil ihre Lieblingshenne von ihrem Lieblingskollegen geschlachtet werden sollte. Erotik und Tierliebe, angereichert um eine unfreiwillige Prise Sodomie, kollidierten, und das in einem Stil, der selbst Hühner zum Lachen gebracht hätte.

Wir bekamen das Buch durch Zufall in die Hände. Unser Neffe Fritzchen lag infolge einer Magenoperation im Krankenhaus und ließ sich von der Bibliothekarin allwöchentlich sämtliche Neuerscheinungen ans Bett bringen. Nach der Lektüre von „Geflügelzüchterin Hanna" mußte er ein zweites Mal unters Messer. Er hatte dermaßen gelacht, daß die noch unverheilte Narbe wieder aufgegangen war. Trotzdem zeigte er sich bei unserem Besuch an seinem nunmehr verlängerten Krankenlager strahlender Laune. Er versuchte, uns einige markante Bögelried-Sätze vorzulesen, aber seine Bemühung erstickte in prustendem Gelächter.

Voll Angst um die Haltbarkeit seiner neuen Narbe nahmen wir ihm das Buch aus der Hand. „Nehmt es mit", sagte er, während er sich die Lachtränen aus den Augen wischte, „ihr werdet es euch bestimmt kaufen wollen. Am besten, ihr kauft gleich ein Dutzend Exemplare, dann habt ihr immer ein passendes Geschenk für all eure albernen Freunde."

Auf der Rückfahrt vom Krankenhaus begann ich, in dem Buch zu blättern. Ich wollte nach besonders schlimmen Stellen suchen, aber der Roman bestand ausschließlich aus schlimmen Stellen. Gegen meinen Willen lachte ich mehrfach laut heraus, weshalb sich einige Fahrgäste in der Straßenbahn verstohlen an die Stirn tippten. Mein Mann nahm mir das Buch weg, weil er sich meiner schämte. Da er aber den verhängnisvollen Fehler beging, ein bißchen darin zu lesen, mußten wir schon nach wenigen Stationen aussteigen.

Wir eilten, Fritzchens Rat befolgend, in die nächste Buchhandlung und kauften fünf Stück „Geflügelzüchterin Hanna". Mehr hatte die Buchhändlerin, die uns mit seltsamen Blicken maß, leider nicht am Lager.

Zu Hause machten wir uns sogleich über die literarische Kostbarkeit her. Anläßlich unseres wiehernden Gelächters kamen die Kinder aus ihrem Zimmer gestürzt. „Welche Sendung seht ihr denn?" fragte unser kleiner Sohn.

„Mensch, die lesen ein Witzbuch", informierte ihn seine große Schwester, „zeigt doch mal her!"

Wir überreichten jedem der Kinder ein Buch, und schon nach wenigen Sätzen schniefelte unsere Tochter: „Gebt mir doch bloß mal ein Taschentuch, das ist ja irre komisch."

Unser Sohn, stolz auf seine grammatikalischen Kenntnisse aus der zweiten Klasse, fragte: „Was heißt denn das auf deutsch: ‚Hanna haderte mit dem Schicksal, das ihrem Liebling ins Federkleid fuhr'?" Wir versuchten, es ihm zu erklären, aber er entgegnete nur: „Und so'n Quatsch wird gedruckt!"

Jetzt wurden wir auch stutzig. Wirklich, wieso wurde so etwas gedruckt? Da nirgendwo ein entsprechender Hinweis stand, konnte es sich nicht um eine Parodie handeln. Außerdem war der Verlag als ein seriöses Unternehmen bekannt, das einige der höchstbezahlten Autoren des Landes unter Vertrag hielt. Warum also?

„Vielleicht will man Alfons Bögelried mit dieser Veröffentlichung eine heilsame Lehre erteilen", mutmaßte mein Mann.

„Das ist ja nun Super-Quatsch", sagte unsere Tochter.

Mein Mann verteidigte sich: „Ich meine, man will ihn vielleicht auf diese Weise vom Schreiben abbringen. Es gibt doch Leute, die erst eine öffentliche Blamage brauchen, ehe sie begreifen."

Diese Theorie schien mir zu sehr an den Haaren herbeigezogen. Über soviel Psychologie und vor allem soviel überflüssiges Papier verfügte meiner Erfahrung nach kein Verlag.

„Ich glaube eher, der Geflügeldichter hat einen einflußreichen Gönner", sagte ich. Aber das kam nun wieder meinem Mann unglaubwürdig vor.

„Vielleicht ist der Bögelried ein Verwandter von dem Lektor, der das Buch angenommen hat", gab unsere Tochter zu bedenken.

„Oder er ist ein Verbrecher", schlug unser sensationslüsterner Sohn vor. „Der hat sich vor den Lektor hingestellt mit einer Pistole in der Hand und hat gesagt: Entweder Sie drucken das Buch, oder ich erledige Sie!"

„Das kommt davon", tobte mein Mann, „das kommt von diesen blödsinnigen Fernsehsendungen, die der Bengel dauernd sehn darf. Aber zum Glück verhält es sich im Leben ganz anders, als sich der kleine Moritz das vorstellt."

Während unseres letzten Urlaubs machten wir eine Menge interessanter Bekanntschaften. Der sympathischste Mensch war Peter-Paul Mummel aus Halle. Als wir erfuhren, daß er Verlagslektor sei, fiel uns Alfons Bögelried mit seiner „Geflügelzüchterin Hanna" wieder ein. Wir zitierten unvergeßliche Bögelried-Sentenzen, und sogar unser Sohn wußte noch den Schicksals-Satz mit dem Federkleid.

Herr Mummel, sonst für jeden Spaß zu haben, reagierte merkwürdig eisig. Er erinnerte sich plötzlich, etwas Unaufschiebbares erledigen zu müssen, und verschwand. Wir waren einigermaßen befremdet, nur unser vom Fernsehen verdorbener Sohn jubelte: „Das war er! Dem hat der Bögelried die Pistole vor die Nase gehalten, und nun ist es ihm peinlich!"

Mein Mann und ich beschlossen, dem Mysterium auf den Grund zu gehen. Am nächsten Morgen paßten wir Peter-Paul Mummel vor seinem Ferienheim ab und fragten ihn rund heraus, ob er wohl etwas mit der „Geflügelzüchterin Hanna" zu tun gehabt habe.

Der freundliche Herr Mummel wurde sichtlich nervös. Doch da er unsere Entschlossenheit zur Wahrheitsfindung sah, gab er schließlich auf. „Ich hätte es Ihnen auch gestern schon gesagt, aber vor den Kindern war es mir einfach zu fatal. Ob Sie es glauben oder nicht, ich bin erpreßt worden. Alfons Bögelried sandte uns sein unsägliches Manuskript unverlangt ein, und

ich gestehe, daß wir uns im Lektorat tagelang fast tot-
gelacht haben. Wir waren natürlich verpflichtet, dem
Mann – übrigens ein hühnerhaltender Bürger – eine
höfliche Absage zu erteilen. Es gelang mir, diese
schwierige Arbeit auf einen jungen Kollegen abzuwäl-
zen. Ich schrieb ihm auf einen Zettel, dies sei ohne
Zweifel der größte Mist des Jahrhunderts, eine perfek-
te Selbstparodie, aber er solle doch nette Worte für
Bögelried finden, vielleicht könne er ihn auch an einen
anderen Verlag empfehlen, dann hätten die Kollegen
auch was zu lachen.

Dies geschah. Nur stand wenige Tage später ein
bleicher, zitternder, zu allem entschlossener Alfons
Bögelried vor mir und hielt mir meinen Zettel wie eine
Pistole vor die Brust. Offenbar war das nur für meinen
Kollegen bestimmte Pamphlet ins Manuskript ge-
rutscht. Bögelried erkannte seine einmalige Chance:
Er drohte, mit dem scheinheiligen Antwortbrief und
mit meinem unverschämten Zettel in die Presse zu gehen, um dort zu berichten, wie unser Verlag mit
schreibenden Hühnerhaltern umgehe. Das Einfachste
war, das Buch in einer winzigen Auflage zu bringen
und zu hoffen, daß es in der Flut der Druckerzeugnisse
unbemerkt untergehen würde."

„Ich werde mich entschuldigen müssen", sagte
mein Mann, „denn wie sich der kleine Moritz das Leben vorstellt, genauso ist es."

1974

62

Modernes Märchen

Es war einmal ein wunderschönes, wunderkluges Mädchen, das hieß Ramona und feierte gerade seinen zwanzigsten Geburtstag. „Geliebtes, einziges Töchterchen", sagte der Vater (45), Professor, in seiner Gratulationsrede, „du hast uns dein Leben lang viel Freude gemacht, warst fleißig und pflichttreu in Elternhaus und Schule, Pionier- und Jugendverband, bestandest das Abitur mit Auszeichnung und wurdest sogar in der Sendung ‚Außenseiter – Spitzenreiter' zum zweitschönsten Mädchen der DDR gekürt. Alle Freunde, Bekannten und Verwandten waren des Neides voll, so daß wir, deine Mutter und ich, wirklich von Glück reden konnten."

„Ich möchte die Worte deines Vaters unterstreichen", setzte die Mutter (43), Angestellte bei der Kreissparkasse, fort, „dennoch will ich trotz deines heutigen Ehrentages nicht in Schönfärberei verfallen. Denn, geliebtes Töchterchen, du hast uns auch manche bittere Stunde bereitet. Obwohl wir spätestens nach deinem Sieg bei der zentralen Mathematik-Olympiade wußten, daß du zu den besten erweiterten Oberschülerinnen des Landes gehörst, hatten wir doch gehofft, dich nicht an die Universität zu verlieren."

„Entschuldigt, liebe Eltern", sagte die wunderschöne, wunderkluge Ramona beschämt, „aber meine Leistungen waren einfach zu gut. Man hat mir den Studienplatz an der mathematischen Sektion förmlich aufgedrängt. Verzeiht, daß ich schwach wurde."

„Nun, wir wollen dir jetzt keinen Vorwurf mehr daraus machen", hub der Vater wieder an, „obwohl deine Mutter und ich die aussichtsreichsten Lehrstellen für dich in petto hatten. Du hättest zum Beispiel Fachverkäuferin für Fleischwaren werden können. Bei deiner Intelligenz wärest du gewiß schon nach kurzer Zeit zur Verkaufsstellenleiterin oder gar zur Direktorin einer großen Kaufhalle avanciert. Denk nur, welch wundervolles Leben wir führen könnten: nie mehr Anstehen, immer Rosenthaler Kadarka im Keller, nach Jahren der Entbehrung Wiedersehen mit Räucheraal, Spargel und ungarischer Salami feiern!"

„Ich bitte dich, hör auf, Väterchen", flehte Ramona, „mach mir das Herz nicht schwer."

„Es wäre auch nicht schlecht gewesen", sinnierte die Mutter, „wenn du die Lehrstelle als Facharbeiter für Schreibtechnik bei der PGH ‚Goldenes Handwerk' angenommen hättest. Stell dir vor, du wärest zunächst Sekretärin, aber später gewiß Einsatzleiterin aller zur PGH gehörenden Maurer, Klempner, Maler, Heizungsmonteure und Fliesenleger geworden! Begreifst du endlich, daß du uns um das Paradies auf Erden gebracht hast?"

Die wunderschöne, wunderkluge Ramona begann hemmungslos zu schluchzen. Die Eltern sahen voll Entsetzen, welches Unheil sie angerichtet hatten. „Verzeih uns, geliebtes Töchterchen", riefen sie, „daß wir dir an deinem Geburtstag solchen Schmerz bereiten. Wir wollen die Vergangenheit ruhen lassen und dich nicht länger mit Vorwürfen quälen. Wisch deine Tränen ab und sieh, welch schönes Geschenk wir für dich haben."

Die wunderschöne, wunderkluge Ramona hatte sich zwar einen französischen Lurexanzug gewünscht,

Modernes Märchen

aber nun sah sie doch voll Neugier auf den Packen Papier, den ihre Eltern vor ihr ausbreiteten.

„Lauter Bewerbungsschreiben", sagte der Vater mit vor Erregung bebender Stimme. „Es sind allesamt intelligente, gesunde und – wie die beiliegenden Fotos beweisen – gutaussehende junge Männer aus den privilegierten Handwerker- und Einzelhandelsschichten. Ich habe eine Heiratsannonce aufgegeben, und du hast nur noch die Qual der freien Auswahl."

„Nein!" schrie Ramona, und zum erstenmal in ihrem Leben war ihr wunderschönes Gesicht von unerbittlicher Opposition gezeichnet. „Nein", wiederholte sie eiskalt und entschlossen, „schlagt euch das ein für allemal aus dem Kopf! Ich heirate Klaus-Peter, einen Kommilitonen von der physikalischen Sektion!"

Die Mutter griff sich ans Herz und sank in eine milde Ohnmacht. „Großer Gott", stöhnte der nervenstärkere Vater, „was nützt dir und uns ein künftiger Physiker? Hör zu, geliebtes Töchterchen, wir haben dir bisher jeden Willen gelassen und dich gewiß nicht autoritär erzogen, aber jetzt mußt du dich im Interesse der Familien-Räson fügen."

„Dann sind wir ab sofort geschiedene Leute", erklärte Ramona konsequent. „Wenn ihr euch besonnen habt, könnt ihr zu meiner Hochzeit kommen." Sie packte in fliegender Hast ihren Koffer und verließ das Elternhaus.

Großes Herzeleid erfaßte den Professor und die Angestellte der Kreissparkasse. Schließlich war Ramona ihr einziges Kind, und sie liebten es wirklich sehr. „Sie wird ihren Verstand benutzen und begreifen, daß wir nur ihr Bestes wollen", sagte der Vater beschwörend.

„Hätte ich nur rechtzeitig meinen Verstand benutzt und statt eines Akademikers einen Handwerker geheiratet", keifte die Mutter hysterisch. „Wir wollten die Vergangenheit ruhen lassen", erinnerte der Vater. „Außerdem verbitte ich mir jede Fehlerdiskussion."

Kurze Zeit später erhielten sie eine goldbedruckte Karte, auf der sich ihre Tochter Ramona und ihr künftiger Schwiegersohn Klaus-Peter die Ehre gaben, sie zur Trauung und zum anschließenden Hochzeitsmahl einzuladen. „Wir gehen nicht", schnaubte der Vater, während die Mutter unter Tränen sowie für alle Fälle ihr bestes Kleid aufplättete. Da klingelte es. „Das ist sie", jubelte der Vater.

Aber an der Tür stand nicht Ramona, sondern ein fremder Herr in einem eleganten Exquisit-Anzug. „Lehmann mein Name", sagte er aufgeräumt. „ich bin die Keule von Klaus-Peter und soll den Herrn Professor samt Jattin zu die Feierlichkeiten kutschieren."

„Wir sind gleich soweit", rief die Mutter, obwohl ihr Mann völlig anderslautende Blicke von sich gab.

„Immer mit der Ruhe", besänftigte Lehmann, „mit mein Fiat sind wir im Nu an Ort und Stelle. Welchen Schlitten fahren denn der Herr Professor?"

„Gar keinen", brummte der wütend, „wir sind nämlich sportliche Menschen."

„Wassersport?" fragte Lehmahn interessiert. „Dann sind Sie bei mir an die richtige Adresse. Ich bin nämlich Bootsbauer von Beruf, Spezialität Kajütboote. Wäre mir eine Ehre, die Herrschaften jefällig zu sein, zumal wir doch nun Verwandtschaft werden. Man arbeitet ja auch lieber für jebildete Menschen als wie nur dauernd für neureiche Handwerker."

Der akademisch geschulte Verstand des Professors arbeitete flink und exakt wie ein Computer. Während er den Reißverschluß am besten Kleid seiner Frau zuzog, gedachte er voll Stolz seines wunderschönen, wunderklugen Töchterchens. Ramonas Mutter warf auf der Fahrt zum Standesamt verstohlen einen Zettel aus dem Autofenster. Er enthielt den Text für eine nun überflüssig gewordene Zeitungsannonce, welche folgendermaßen lautete: „Jg. Ehep. erteilt Nachhilfeunterr. in Mathem. und Phys. Schriftl. Bewerb. erb. Kd. v. Handw. u. Einzelhdl. bevorz."

1975

Prominentenraten

Tagsüber war von den Dichtern kaum etwas zu spüren gewesen, denn sie hatten sich wegen der glutheißen Sommersonne in die Kühle ihrer Zimmer oder in den Schatten der Bäume geflüchtet. Dort dösten sie befreit von des Alltags schöpferischer Anstrengung. Wenn die im Grase oder auf dem See herumtollenden Kinder ihre Stimmen auf Ferienlautstärke schraubten, krausten die Dichter ungehalten ihre Denkerstirnen. Doch schon ein kurzer Blick in die stets griffbereit liegenden Neuerscheinungen ihrer Kollegen versetzte sie wieder in jenen wohligen Trancezustand, der einen Urlaubstag erst so richtig erholsam macht.

Am Abend lagen die müden Kinder in den Betten, und die inzwischen munteren Dichter versammelten sich auf der Terrasse des Ferienheims. Da nun die geistige Phase des Erholungsgeschehens angebrochen war, hatte sich jeder mit seinem bevorzugten Stoff versorgt. In den meisten Fällen handelte es sich um einen leichten bulgarischen Landwein. Einige fanatische Biertrinker, an die nach Aussagen des Berliner Humordichters Johannes Stapelt Hopfen und Malz verschwendet waren, schreckten nicht einmal vor dem Pilsner aus märkischen Urquellen zurück. Der bekannte Odendichter Rainer Maria Pflaum trank nur amerikanischen Bourbon-Whisky, wurde aber aus gutem Grund „der Schotte" genannt. Jens Schwede, der vor Jahren von der Poesie zur Hypochondrie übergewechselt war, mixte sich aus verschiedenen Medizinfläschchen einen Cocktail.

„Ach wie schön, daß wir alle Jahre wieder so friedlich beisammen sind", sagte die zartbesaitete Sensationsschriftstellerin Sonja Rappoport.

„Dein Wort in Gottes Ohr", entgegnete die gallige Satirikerin Hertha Waltersbach, „möge er uns wenigstens dieses Jahr vor dem nationalen Rattengewitter namens Johanna Bartuschek bewahren."

„O Gott, o Gott, o Gott", ertönte ein vielstimmiger Schrei aus Atheistenhälsen. Einigen Neulingen unter den Gästen wurde ausführlich erklärt, welch grauenhafte Skandale sich die schreckliche Fernsehautorin Bartuschek in den letzten zehn bis fünfzehn Sommerurlauben im Dichter-Ferienheim geleistet hatte. Und da man einmal so schön in Schwung war, bedachte man auch das Verhalten verschiedener anderer zufällig abwesender Dichterkollegen mit keineswegs druckreifen Rezensionen.

Eine hübsche Blondine, die dem Rotwein schon fleißig zugesprochen hatte, begann plötzlich zu kichern. „Also ich weeß ni, Rupi, awwer soviel andersch als wie in unsern Wismud-Färienheim geht's bei deinen Dichdern eechendlich ooch ni zu."

Der in Aue ansässige Russisch-Übersetzer Ruprecht Wilson errötete heftig. Jahrelang hatte er seine bei der Wismut* beschäftigte Frau in werkseigene Ferienheime an der Ostsee begleitet, und nun weilten sie erstmals in der Exklusivität des märkischen Dichterheims. „Entschuldicht, Golleechn", sagte er verlegen, „awwer meine Frau had das ni so gemeind."

„Un ob ich das so gemeind habe! Gaum sitzen ä bar Hanseln aus eener Drubbe zusamm', gladschense und dradschense iwwer die, die ni da sin. So isses bei

* Wismut – sowjetischer Uranbergbau in der DDR

den Menschen und bei den Leuden un, ei gugge, bei den Dichdern ooch!" Frau Wilson blickte angeheitert in die stumme Wut schnaubende Runde.

Die peinliche Stille wurde von dem berühmten Dramatiker Maxim Sterndl unterbrochen. „Da haben S' gar net so unrecht, Herzerl. Möchten S' vielleicht an Vorschlag für a bessere Unterhaltung machen?"

Frau Wilson sah den Dramatiker bewundernd an, weil sie ihn für einen Ausländer hielt. Er stammte jedoch aus dem Thüringischen, was ihm aus rein phonetischen Gründen nie behagt hatte.

„Also, wenn's eich ni zu booblich is", sagte Frau Wilson, „dann schlach ich ä Gesellschaftsspiel vor, das bei uns drheeme große Mode is. Es heesd Brominendnraden."

Keiner der anwesenden Dichter, die sich alle für prominent hielten, fand ein solches Spiel poplig, zumal die Spielregeln denkbar simpel waren. Jeder Mitspieler bekam einen Zettel und einen Stift. Dann sagte einer in der Runde lautlos das Alphabet auf, ein anderer stoppte ihn an beliebiger Stelle, und mit dem so ermittelten Buchstaben mußten die Namen der prominenten Persönlichkeiten aus allen Bereichen anfangen, welche die Mitspieler innerhalb einer vorgegebenen Zeit zu notieren hatten. Bei der anschließenden Verlesung wurden die Doppelgänger gestrichen, und jeder zählte nur zusammen, worauf er allein gekommen war. Wer die größte Anzahl von Namen hatte, war Sieger.

Bis auf Ruprecht Wilson, dem das Spiel seit langem zum Halse heraushing, waren alle begeistert. Sonja Rappoport stoppte den Buchstaben S. Der Dramatiker Sterndl bot sich als nichtmitspielender Zeitnehmer an. Daran hatte er gut getan, denn außer Seneca, Suslow und Sterndl fiel ihm buchstäblich kein weiterer S-Prominenter ein. Aber das behielt er natürlich für sich.

Die anderen schrieben mit fliegenden Händen. Manche hampelten aufgeregt wie Schulkinder hin und her und erklärten sich für mental blockiert. Andere stierten starr in den Himmel, als erwarteten sie von dort brauchbare Antworten in Flammenschrift. Nach Beendigung der Karenzzeit von zehn Minuten stellte sich heraus, daß keiner der Damen und Herren Dichter auf die Namen Shakespeare und Schiller gekommen war. Dafür waren die Fußballer Schnuphase und Seeler sowie der Playboy Gunther Sachs mehrfach vertreten. Haushohe Siegerin wurde Frau Wilson.

Nun war der Ehrgeiz der ratenden Dichter angestachelt. Für den nächstfälligen Buchstaben H erbaten sie sich eine Spielzeit von fünfzehn Minuten, weil sie sicher waren, diesmal ganz enorm fündig zu werden. Besonders erfolgreich war die Romandichterin Eva Lipdorff mit vierzig Pluspunkten. Dennoch wurde auch sie von der gedächtnistrainierten Wismut-Arbeiterin Wilson überboten, die als einzige auf Holtei, Hasenclever und Hoelz gekommen war.

Lange nach Mitternacht löste sich die Gesellschaft endlich auf, aber die rechte Ruhe wollte in dieser Nacht nicht ins Dichterheim einziehen. Am nächsten Morgen schlichen übernächtige Figuren ins Frühstückszimmer. Statt der sonst üblichen Guten-Morgen-Grüße flogen Namen durch den Raum: „Schostakowitsch – Heitzenröther – Schopenhauer – Heisenberg!"

In den nächsten Tagen und Wochen veränderte sich die Atmosphäre radikal. Die Satirikerin Waltersbach, die sonst stundenlang auf der Terrasse saß und über ihre drei Lieblingsfeindinnen klatschte, verbrachte von nun an ganze Tage in der Bibliothek, um dem achtzehnbändigen Meyer prominente Namen zu entlocken. Andere schlossen sich in ihre Zimmer ein, um sich auf die abendliche Raterunde vorzubereiten. Zweimal kam es zu schweren Disziplinverstößen, die harte Auseinandersetzungen nach sich zogen. So hatte sich der Dramatiker Sterndl mit einem Spickzettel versehen, von dem er sage und schreibe achtundsiebzig G-Namen abzuschreiben gedachte. Der andere Fall war der des Essayisten Kay Brockpold, der schamlos Namen angeblicher französischer Impressionisten erfunden hatte.

Den Dichterkindern gefiel die rastlose Ratetätigkeit ihrer Eltern nicht schlecht, da auf diese Weise keine Zeit zu irgendwie gearteter Erziehungsarbeit blieb. Auch die nicht sonderlich beliebten Familienausflüge in die märkische Umgebung entfielen. Wirklich sauer war allein Ruprecht Wilson. Er hatte sich vor allem auf anregende Gespräche mit seinen hauptstädtischen Kollegen gefreut. „Du bisd wirglich ä dummes Luder", sagte er im stillen Kämmerlein zu seiner Frau, die das ganze Dilemma ausgelöst hatte. „Ich hädde nämlich für mei Lähm gern erfahrn, was der Hermann Gant so ganz brifat for a Mänsch is."

Für den Abschiedsabend war der Raterunde nur noch ein einziger Buchstabe übriggeblieben – das F. Alle waren bestens präpariert und fieberten dem Finale entgegen. Ruprecht Wilson hatte sich seufzend ans Seeufer zurückgezogen, wo sich die Kinder um ein Lagerfeuer scharten. Als er nach Einbruch der Dunkelheit zur Terrasse kam, wurde gerade der Sieger ermittelt. Der Dichter Rainer Maria Pflaum und der aufgehörte Dichter Jens Schwede standen mit je einundzwanzig F-Prominenten pari. Frau Wilson schrie heftig fuchtelnd und mit sieggewohnter Stimme: „Ich habe zweeunzwanzisch, ihr Driefnasen! Mei zweeunzwanzischster Name lauded: Gäthchn Bubs!"

Während die geschlagenen Dichter irritierte Blicke wechselten, ging Ruprecht Wilson auf seine Frau zu, packte sie am Arm und riß sie unsanft vom Stuhl. „Nu isses genuch, Muddl, nu machsde dich endgüldich in die Falle!" Während er die sich verzweifelt Sträubende abführte, drehte er sich noch einmal um. „Nur dr Gerächtichgeit halwer: gewonnen hadse! Sie meende: Jekaterina Furzewa."*

1975

* Jekaterina Furzewa – während der Ägide Nikita
Chruschtschows Kulturministerin der UdSSR

Bei Lehmanns hat's geklingelt

Zwei Jahre lang waren sie zusammen zur Schule gegangen, und diese Zeit, ausgefüllt mit Seminaren,
Klausuren, Bierabenden und hitzigen Diskussionen,
hatte sie zu einem festen Freundeskollektiv zusam-
mengeschmiedet. In der Jugend pflegen solche
Freundschaften zu zerbrechen, weil der Wind des Lebens die einzelnen Kollektivmitglieder in die verschiedensten Richtungen bläst. Aber Brockmann,
Losmann, Wandersmann, Stadelmann und Neumann
waren längst keine Jugendlichen mehr. Schon die al-
berne Synchronität ihrer Namensendungen wies darauf
hin, daß es sich um gestandene Männer handelte, um
Schriftsteller nämlich, denen ihr Berufsverband
zwecks Aufbesserung ihrer Bildung ein zweijähriges
Studium am Literatur-Institut verordnet hatte. Nun waren die herrlichen Tage von Klein-Paris, im Volks-
mund auch Leipzig genannt, vorbei, und die fünf trieb
es wieder an die heimatlichen Schreibtische. Der letzte
Abend endete mit bierschweren Köpfen, abschieds-
schweren Herzen und dem einhelligen Schwur, sich
bald an neutralem Ort zu treffen und die Freundschaft
in gewohnter Form weiterzupflegen.

Mit der Organisation dieser ersten außerschuli-
schen Begegnung wurde Losmann betraut. Schon nach
vier Wochen ließ er seine vier Freunde wissen, man
werde sich am kommenden Sonnabend in einer gemütlichen Kleinstadt nahe Berlin treffen, und zwar im

Hotel „Zum Kürassierhelm". Dieses verfügte über ganze fünf Doppelzimmer in Besenkammergröße und eine doppelzimmergroße Gaststube, an deren Tür zwei Schilder baumelten: „Geschlossene Gesellschaft" und „Alle Zimmer besetzt".

Das Hotelchen befand sich im Besitz von Elfriede und Arthur Lehmann (vorm. Albin Lehmann) sowie Sohn, Schwieger- und Enkeltochter Lehmann. Alle Lehmanns redeten einander mit dem Zunamen an, ohne daß es zu Verwechslungen kam. Schwiegertochter Lehmann, die in der Gaststube das Essen auftrug, beklagte sich über die viele Arbeit infolge Personalmangels. Aber ihr Mann, also Sohn Lehmann, der den „Lindenblättrigen" aus dem Keller holte, bestritt dies. Ein Freund von ihm habe sich als Saisonkraft angeboten. Leider heiße er Meyer, was nach Ansicht der alten Lehmanns das Betriebsklima vergifte.

Brock-, Wanders-, Stadel- und Neumann ließen Freund Losmann unzählige Male hochleben, weil er mit dem „Kürassierhelm" selbst kühnste Erwartungen übertroffen hatte. Auch die mitgeführten Gattinnen waren entzückt und fanden sogar Gefallen aneinander. Sie vor allem drängten nach dem Ende des feucht-fröhlichen Wochenendes auf baldige Wiederholung des Meetings, und zwar wiederum und für alle Zeiten im „Kürassierhelm".

Das einzige kleine Ärgernis war die Präsentation der Rechnung. Nicht, daß Lehmanns etwa geschummelt hätten, aber langanhaltende Gemütlichkeit mit erlesenen Zutaten hat nun mal ihren Preis. Und da noch keiner der fünf Schriftsteller über einen hochdotierten solchen verfügte oder in absehbarer Zeit verfügen würde, kam sie das Opfer schmerzlich an.

„Wir müßten", sagte Stadelmann, der sich kümmerlich von Gedichten und dem Gehalt seiner Frau ernährte, „einen Mäzen finden. Irgendeinen, der unsere literarischen Zusammenkünfte finanziert."

„Direkt literarisch ging's ja nun nicht zu", gab Betriebszeitungsredakteurin Neumann zu bedenken, „jedenfalls wurde kein einziger druckreifer Satz gesprochen."

Ihr Mann fragte höhnisch, woher ausgerechnet sie das wissen wolle, und selbst Wandersmann, sonst der Höflichsten einer, fand die Bemerkung unqualifiziert. Außerdem sei ein wie immer geartetes Gespräch unter Schriftstellern selbstverständlich eine literarische Zusammenkunft. Da hatte Brockmann eine Idee. Er kannte eine angeblich bildhübsche Dramaturgin von der Hörspielabteilung des Rundfunks, deren Aufgabe seit langem darin bestand, eine Familienserie zu entwickeln. Er werde ihr eine Chance geben, indem er das allmonatliche „Kürassierhelm"-Treffen zur Hörspielautorenkonferenz erkläre. Natürlich könne man die bildhübsche Dramaturgin als Leiterin des Unternehmens nicht ausschließen. Mittel für derlei Beratungen stünden ausreichend zur Verfügung, und wenn schließlich doch nichts Brauchbares herauskäme, habe die Sache eben ihren üblichen Verlauf genommen.

Brockmanns Vorschlag fand zwiespältige Aufnahme. Wandersmann murmelte etwas von bewußter Täuschung, während Losmann, der älteste und erfahrenste unter ihnen, ganz anderer Ansicht war. Er hatte einschlägige Kenntnis, wie solche Dinge bei den verschiedensten kunstproduzierenden Institutionen gehandhabt wurden und nannte eine Reihe namhafter Kollegen, die sich seit Jahren von Autorenkonferenzen und ersten Vertragsraten ernährten. Frau Brockmann fürchtete sich lediglich vor der bildhübschen Dramaturgin, die eventuell den Ausschluß der Schriftstellergattinnen verlangen könne. Dieser Gedanke löste allgemeinen Protest aus, aber Brockmann versprach, er werde die Einladung der Damen zur Bedingung machen.

Die Sache verlief unkomplizierter, als alle geglaubt hatten. Schon vierzehn Tage später traf die Dramaturgin im „Kürassierhelm" ein, um die 1. Autorenkonferenz zu eröffnen. Da sie einen ihr offenbar nahestehenden Hörspiel-Abteilungsleiter mitgebracht hatte, fanden auch die Damen Brock-, Los-, Wanders-, Stadel- und Neumann, sie sei bildhübsch.

Lehmanns stellten den Neuankömmlingen ihre private Dachkammer zur Verfügung, und dem gemütlichen Beisammensein der nunmehr auch pekuniär sorglosen Freunde stand nichts mehr im Wege. Sie aßen und tranken, was Lehmanns Gutes zu bieten hatten, schwelgten in anekdotischen Erinnerungen an ihre Leipziger Jahre und freuten sich, daß sich die Dramaturgin und ihr Chef aufs Beste amüsierten. Zu vorgerückter Stunde sagte Frau Stadelmann: „Bei Lehmanns hat's geklingelt. Das Telefon, meine ich."

„Kein schlechter Titel", sagte Brockmann.

„Was ist wofür kein schlechter Titel?" wollte die Dramaturgin wissen.

„Bei Lehmanns hat's geklingelt", erklärte Brockmann, „wäre für eine Familienserie kein schlechter Titel."

Die Dramaturgin und der Abteilungsleiter fielen sich jubelnd in die Arme. „Dann hätten wir ja schon das Wichtigste! Der Titel ist das A und O einer Serie. Und das am ersten Konferenztag! Dafür ist ohne weiteres eine Prämie drin."

Die beiden hatten nicht übertrieben. Zur nächsten Konferenz brachten sie zwei junge Autoren mit, die von den Erfahrungen der fünf Schriftsteller lernen sollten. Die jungen Leute, die im Wohnzimmer der alten Lehmanns nächtigen durften, waren ganz beglückt von der fröhlichen, kameradschaftlichen Atmosphäre und vor allem von der Gastlichkeit der originellen Lehmanns.

„Keiner kommt auf die Idee", sagte einer der jungen Autoren, „so eine fabelhafte Familie auch einmal literarisch zu würdigen."

„Na, dann tun Sie's doch", empfahl Frau Brockmann mütterlich.

Die bildhübsche Dramaturgin bekam vor Begeisterung fast einen Herzanfall. „Wunderbar", schrie sie, „Gegenstand der Familienserie ‚Bei Lehmanns hat's geklingelt' ist die Familie Lehmann persönlich! Nur für den ‚Kürassierhelm' müßten wir einen anderen Namen finden."

„Wie wär's mit ‚Holländerbraut'?" fragte Frau Losmann, die schon einen Kleinen in der Krone hatte.

Der Abteilungsleiter notierte den Vorschlag und stellte sofort eine neue Kollektivprämie in Aussicht, weil schon die 2. Konferenz unerwartet konkrete Früchte gezeitigt habe. Der junge Autor erhielt an Ort und Stelle einen Vorschuß auf seinen ersten Vertrag.

Inzwischen sind sechs Jahre vergangen, und die Familienserie „Bei Lehmanns hat's geklingelt" ist bis auf den heutigen Tag ein Riesenerfolg geblieben. Selbstverständlich kamen im Laufe der Zeit viele neue Autoren hinzu, um weitere Folgen zu schreiben. Lehmanns sahen sich gezwungen, an der hinteren Front des „Kürassierhelm" anzubauen. Es gelang ihnen ferner, ein Zimmermädchen und einen Kellner namens Lehmann aufzutreiben. Daß Brock-, Los-, Wanders-, Stadel- und Neumann noch immer mit von der Partie sind, obwohl sie nie eine Zeile über Lehmanns geschrieben haben, versteht sich von selbst. Ihre Idee zu dieser Familienserie ist urheberrechtlich geschützt, weshalb auch alle fünf Namen im Vorspann jeder Folge genannt werden müssen. Die regelmäßigen sorgenfreien Zusammenkünfte haben ihre Freundschaft tief und unzerbrechlich werden lassen, woran man sieht, daß der Rundfunk zwischenmenschliche Beziehungen enorm fördern kann.

1976

Fürs Fernsehen kein Problem

Die Deutschlehrerin und Laienkabarettistin Petra Busse war nicht mehr die Jüngste, als ihr der erste außerschulische Erfolg ihres Lebens zuteil wurde: Sie gewann beim Ausscheid der Lehrerkabaretts den ersten Preis für einen selbstverfaßten Fünf-Minuten-Sketch. Es handelte sich um einen pointierten Dialog zwischen zwei Schülerinnen der 10. Klasse über den idealen Lehrer. Obwohl viele Lehrerkollegen über den Sketch ungehalten waren, wuchs Petra Busses Ruhm von Tag zu Tag. Er drang sogar bis in die Bereiche des Adlershofer Unterhaltungsfernsehens, wo man mangels eigener Potenzen stets auf der Suche nach Talenten aus der arbeitenden Bevölkerung ist.

Frau Busse erhielt also einen Anruf von Regisseur Alfons Beselmann. Er bat sie um ihre höchstpersönliche Mitwirkung in seiner neuen Sendereihe „Lacht – oder es kracht", und zwar mit dem preisgekrönten Sketch. Petra Busse fühlte sich geschmeichelt, aber der Ehre nicht gewachsen. „Kindchen", sagte Beselmann mit der unter Regisseuren üblichen Väterlichkeit, „vor uns brauchen Sie doch keine Angst zu haben! Wir sind ein eingespieltes Kollektiv und verfügen über die modernste elektronische Technik. Sie werden sehen, es tut gar nicht weh und macht ungeheuren Spaß."

Über ihren schüchternen Einwand, daß es doch einer zweiten Person, nämlich der Dialogpartnerin bedürfe, mußte Beselmann herzhaft lachen. „Sie spielen selbstverständlich beide Rollen, liebes Kind! Per MAZ und Blue Box, klar?"

„Klar", sagte Petra, die es sich in vielen Volksbildungs-Jahren abgewöhnt hatte, unnütze Fragen zu stellen. Als sie allerdings hörte, daß die Fünf-Minuten-Angelegenheit mehrere Stunden im Studio beanspruchen würde, lehnte sie ab. Schließlich sei sie Klassenlehrerin und habe außerdem die Vertretung für eine erkrankte Kollegin übernommen. Doch Beselmann hatte ihre Freistellung längst erwirkt.

„Ich fürchte nur", sagte er mit freundlichem Spott, „daß Sie keine rechte Vorstellung von unserer Arbeit haben. Da läßt sich trotz bester Vorplanung und modernster Technik nichts übers Knie brechen, obwohl ich Ihnen versichern kann, daß wir alte Hasen sind und unser Handwerk verstehen." Petra entschuldigte sich für ihre Ahnungslosigkeit und versprach, sich die größte Mühe zu geben.

Am nächsten Morgen um neun betrat sie zitternd vor Aufregung das Anmeldungsbüro des Fernsehens. Sie wurde schon erwartet, und zwar von einer enorm eleganten Dame, die aussah wie eine Filmdiva, welche es nicht verwinden kann, daß sie wieder nur die Kostümbildnerin spielen darf. „Wir gehen in den Fundus", sagte die Diva von oben herab, „um etwas Passendes für Sie zu finden."

Der Kostümfundus wirkte wie eine durchschnittliche Konsum-Verkaufsstelle, denn es fanden sich genau drei passende, aber dafür häßliche Blusen, ein Rock und keine Hose. Für Gazellentypen waren die hübschesten Sachen vorhanden, aber Petra Busse bedurfte der offenbar elefantösen Konfektionsgröße 42.

„Haben Sie nicht wenigstens eine Korsage?" fragte die Kostümbildnerin eisig. Petra verneinte und hatte

Fürs Fernsehen kein Problem

das demütigende Gefühl, für eine Fehlbesetzung gehalten zu werden. Nachdem sie mit Hilfe einer zu engen Bluse und eines zu kurzen Rocks auf peinliche, aber, wie die Kostümbildnerin meinte, rollengerechte Weise verunstaltet worden war, wurde sie in die Obhut einer freundlichen Maskenbildnerin gegeben. Eine Perücke und künstliche Wimpern verwandelten sie in einen alternden Vamp, der im Teenager-Look der sechziger Jahre zum Fasching geht. Aber schließlich sollte sie ja nicht im Ernst wie eine beziehungsweise zwei Sechzehnjährige aussehen, sondern eine Kabarettszene spielen. Ein Spaß, weiter nichts.

Die Aufzeichnung des Fünf-Minuten Sketchs, zu dessen Vorbereitung mittlerweile vier Stunden vergangen waren, sollte im Farbstudio erfolgen. Das stand jedenfalls auf der Tür, durch welche Petra Busse in eine riesige Maschinenhalle gelangte. Die Arbeiter schienen gerade Pause zu haben, denn sie standen in Gruppen herum und erzählten sich Witze. Einige schoben auch Kameras hin und her oder schleuderten Kabel durch die Halle, aber die meisten hatten nichts zu tun. In einer Ecke des Studios war ein Stückchen Schulklasse aufgebaut, und Petra mußte sich probehalber auf eine Bank setzen. Das war ihr vor den Augen so vieler unbekannter Leute schrecklich peinlich, so daß sie knallrot wurde und feuchte Hände bekam.

„Da sind Sie ja, mein Kind", sagte ein Jüngling, der sich als Alfons Beselmann vorstellte. „Nun, wir haben doch nicht etwa Lampenfieber? Aber, aber, wozu denn das? Hier sind lauter liebe, nette Menschen, die mit ihrer Erfahrung und ihrem Können dafür sorgen werden, daß Millionen draußen an den Bildschirmen unsere Petra Busse kennenlernen. Sehen Sie, dies ist eine elektronische Kamera, und wenn Sie der Mann dahinter schön im Ausschnitt hat, und der Mann da oben hat Sie richtig ausgeleuchtet, und wenn Sie dann noch den rechten Ton finden, dann geht's schon los. Ist nämlich alles gar kein Problem für uns."

Petra wunderte sich, daß etwas so Problemloses länger als eine Stunde dauerte und warum die meisten der anwesenden Fernsehleute immer noch in Gruppen herumstanden und Witze erzählten, statt sich an der Lösung des Problems zu beteiligen. Aber sie wagte natürlich nicht zu fragen, denn schließlich war die Fernseharbeit eine komplizierte Sache und nicht etwas so Banales wie Schulunterricht oder Laienkabarett.

Plötzlich tönte Beselmanns Stimme durchs Studio, obwohl er nirgendwo zu sehen war. „Erschrecken Sie doch nicht, Kindchen", sagte er väterlich wie immer, „ich sitze dreihundert Meter entfernt von Ihnen in einem Ü-Wagen und beobachte Sie. Wenn ich das Zeichen gebe, beginnen Sie den Teil des Dialogs zu sprechen, in dem berlinert wird. Die sächsische Gegenrede nehmen wir nachher mit Blue Box auf. Klar?"

„Klar", sagte Petra wie eine Schülerin, die ihren Lehrer nicht belästigen will. Beselmann gebot absolute Ruhe im Studio, eine Klappe wurde geschlagen, und Petra betete zu allen Göttern, daß ihr kein Versprecher unterlaufen möge.

Doch schon nach wenigen Minuten unterbrach die Regieassistentin: „Halt! Wir brauchen mehr Luft zwischen den einzelnen Passagen. Schließlich müssen Sie ja noch Platz für die sächsischen Antworten haben."

„Das ist richtig, Kindchen", rief Beselmann aus der Ferne, „daran hätten Sie denken müssen. Ich schlage vor, Sie sprechen jetzt immer im Geiste den anderen Text mit, also lautlos, klar?"

„Klar", sagte Petra eingeschüchtert. Nachdem die nächste Klappe gefallen war, memorierte sie den stummen Dialogpart, aber das gelang ihr nur mit geschlossenen Augen.

„Halt!" schrie der Kameramann. „Das sieht ja aus, als wären Sie in Trance gefallen. Was machen wir nun?"

„Pause", verkündete Beselmanns Stimme.

Petra wäre gern ein wenig an die Luft gegangen, aber Kostüm- und Maskenbildnerin machten sich an ihr zu schaffen, als wäre sie eine Schaufensterpuppe. Nach einem Stündchen kam der Aufnahmeleiter und teilte mit, der Requisiteur habe eine Idee. Die Regieassistentin mußte sich nun unter die Schulbank setzen, still für sich den sächsischen Dialogteil lesen und Petra Busse die Einsatzzeichen geben. Aber schon nach dem ersten Versuch winkte der Tonmeister ab. „Das ist viel zu langsam, in der Zeit kann man ja einen Leitartikel vorlesen!" Die Regieassistentin entschuldigte sich damit, daß sie Sächsisch weder sprechen noch lesen könne, und außerdem sei ihr unter der Bank ein Bein eingeschlafen.

Nach einer Zigarettenpause hatte der Beleuchter eine Idee. „Frau Busse sollte den gesamten Dialog auf Band sprechen. Dann stellen wir ihr ein K 12 unter die Bank, lassen das Band leise ablaufen, und schon weiß sie, wann sie dran ist."

Alle waren begeistert. In weniger als anderthalb Stunden war das Gerät namens K 12 herbeigeschafft, das Band besprochen, zurückgespult und wiedergabebereit. Allerdings mußte es wegen der empfindlichen Mikrofone so leise gestellt werden, daß Petra fast unter die Bank kriechen mußte, um ihren Einsatz nicht zu verpassen.

„Halt", schrie der Kameramann, „jetzt haben wir Sie nicht mehr im Bild!"

Petra begann vor Aufregung zu schwitzen und wurde erneut von der Maskenbildnerin behandelt. „Es ist schon 18 Uhr", sagte sie, „meine Familie wird sich Sorgen machen."

„Wir lassen Sie im Taxi nach Hause bringen", beruhigte sie der Aufnahmeleiter.

„Wenn ihr mir einen Kopfhörer an das K12 anschließt, gebe ich der Dame die Einsätze", sagte ein älterer Mann mit Lederjacke.

„Großartig", rief Beselmann, „sagen Sie mir nachher Ihren Namen, Sie kriegen 'ne Prämie!"

Wie durch Zauberei waren plötzlich Kopfhörer vorhanden, der freundliche Mann in der Lederjacke zwinkerte Petra beruhigend zu, und nun klappte alles auf Anhieb.

„Gestorben!" brüllte Beselmann glückselig. „Sehen Sie, Kindchen, die Aufregung war ganz umsonst. Kleine Pannen gehören dazu, sonst macht's keinen Spaß. Aber in einem so eingespielten Team hat immer einer die rettende Idee. Das ist für uns überhaupt kein Problem."

Für den zweiten Dialogteil wurde Petra umgezogen und erneut geschminkt. Danach mußte sie auf einem blauen Würfel vor einer riesigen blauen Wand Platz nehmen, weil sie nun in ihrer Doppelrolle per Blue Box eingespielt werden sollte. Leider aber war der blaue Würfel entschieden höher als die Schulbank, so daß die eine Petra Busse, wie der Monitor zeigte, einen halben Meter über der anderen schwebte. Diesmal machte sich unter den Fernsehleuten eine gewisse Unruhe bemerkbar. Petra erfuhr von der Regieassistentin, daß innerhalb der nächsten Stunde eher ein internationaler Star herbeigelockt werden könne als ein Tischler, der einen maßgerechten blauen Würfel zu zimmern imstande sei.

„Dann macht's doch wie in Papas Kino", schlug der Mann in der Lederjacke vor, „ihr setzt Frau Busse jetzt auf die andere Seite der Schulbank und schneidet die beiden Aufnahmen einfach zusammen."

Beselmann jubilierte ins Mikro und versprach dem ideenreichen Kollegen eine weitere Prämie. Nur Petra begriff überhaupt nichts mehr. Sie befolgte mechanisch alle Anweisungen und glaubte ihren Ohren nicht zu trauen, als Beselmann verkündete: „Schluß, aus, alles im Kasten! Nun, Kindchen", sagte er zu Petra, „konnten Sie selbst miterleben, wie hart und beschwerlich unsere Arbeit ist. Da darf man keine Opfer scheuen und nicht nach dem Achtstundentag fragen. Aber letzten Endes lösen wir jedes Problem!"

Völlig gerädert ließ sich Petra Busse ins Taxi fallen. Am Steuer saß der freundliche Mann mit der Lederjacke. „Gehe ich recht in der Annahme", fragte sie, „daß Sie gar nicht beim Fernsehen beschäftigt sind?"

„Gott bewahre!" entgegnete der Taxifahrer. „Aber einer mußte die Trantuten doch aus der Knete holen. Ich habe heute abend nämlich noch 'ne bestellte Fuhre."

1976

Ein Elternabend

Wie üblich waren vornehmlich Mütter erschienen. Die Väter, mit Ausnahme von Herrn Baumann, waren entweder durch Scheidung abhanden gekommen oder besuchten just an diesem Abend kulturelle Veranstaltungen beziehungsweise Weiterbildungslehrgänge. Die Ausmaße der Schulbänke machten einigen schwergewichtigen Elternteilen zu schaffen. Um der Unruhe Herr zu werden, klopfte Sabine Wolter nachdrücklich mit dem Bleistift auf den Lehrertisch. Sie war sichtlich aufgeregt. Zu ihrer Unterstützung hatten Sebastian Lehmann, Silke Gerasch, Mike Göschler und Tamara Tamke neben ihr Platz genommen. Sabine Wolter räusperte sich noch einmal kräftig und begann.

„Liebe Eltern! Im Namen des Gruppenrates der 5b begrüße ich Sie zu unserem heutigen Elternabend. Wir wollen uns gar nicht erst mit der Auswertung der Pionierleiterkonferenz, mit Spendenaktionen und der Renovierung einzelner Klassenräume aufhalten, sondern gleich zum einzigen Tagesordnungspunkt kommen, nämlich zu Ihren Kindern. Mit denen gibt es einige Probleme, bei deren Lösung Sie uns vielleicht behilflich sein können. Ist Frau Hermann anwesend?"

Eine füllige Dame in der letzten Bankreihe meldete sich zaghaft.

„Sie brauchen sich nicht aufzuregen, Frau Hermann", sagte Sabine Wolter beruhigend, „im großen und ganzen sind wir mit der Arbeit Ihrer Tochter als

Klassenlehrerin recht zufrieden. Nur in letzter Zeit wirkt sie ausgesprochen unausgeglichen und launisch. Hat sie vielleicht privaten Kummer?"

Frau Hermann errötete heftig. „Na, da ist doch die Sache mit ihrem Freund. Er ist ihr nämlich durchgebrannt, und zwar mit einer Sportlehrerin aus der 12. Oberschule. Seither ist das Mädel völlig verändert. Statt sich auf den Unterricht vorzubereiten, schließt sie sich in ihrem Zimmer ein und heult. Ich bin schon ganz verzweifelt."

„Ach Gott, die Arme", rief Silke Gerasch mitleidig, „wenn ich das gewußt hätte, wäre ich gestern nach ihrem Wutanfall nicht so pampig zu ihr gewesen. Ich schlage vor, wir beschließen einen Monat der besonderen Rücksichtnahme auf Fräulein Hermann. Bis dahin hat sie bestimmt einen neuen Freund gefunden, wo sie doch so urst schau aussieht!"

Der Gruppenrat erklärte sich spontan einverstanden, und Frau Hermann wischte sich die Tränen der Rührung aus den Augen.

„Weiter im Text!" Sabine Wolter klopfte wieder mit dem Bleistift auf den Tisch. „Ein besonders trübes Kapitel sind die Eintragungen. Die Lehrer fragen im allgemeinen gar nicht erst lange, warum einer tut, was er nicht soll. Sie verlangen sofort das Hausaufgabenheft, und wir haben abends den Ärger mit unseren Eltern."

„Da möchte ich gleich ein Beispiel nennen", warf Sebastian Lehmann ein, „gestern im Werkunterricht bei Herrn Glaser haben wir Untersetzer gesägt. Mir macht so was großen Spaß, deshalb habe ich das Volkslied ‚Keine Bange, wir holen eine Zange' gesungen. Darauf schrieb Herr Glaser in mein Heft: ‚Sebastian sang im Werkunterricht.' Als ich mich für die nette Mitteilung an meine Eltern bedankte, bekam ich zusätzlich einen Strich in Betragen."

„Es ist so traurig", sagte Frau Glaser. „Als der Junge noch bei mir wohnte, haben wir immer beim Abwaschen gesungen. Aber seit er diese schreckliche Frau hat, ist es aus mit Fröhlichsein und Singen."

Ehe sich Frau Glaser länger über ihre Schwiegertochter auslassen konnte, setzte Sabine Wolter fort: „Ich bitte Sie herzlich, liebe Eltern, mit Ihren Kindern über Sinn und Zweck der Eintragungen zu reden. Wenn jemand von uns eilig über den Flur rennt, hat er unter Umständen nur Durchfall. Und wenn sich einer nicht auf den Unterricht konzentriert, liegt's manchmal auch am Unterricht. Bei Herrn Baumann zum Beispiel ist es so langweilig, daß man beim besten Willen nicht zuhören kann. Ich weiß nicht, wie man auf diese Weise etwas lernen soll."

„Der Junge wollte ja eigentlich auch gar nicht Lehrer werden", ließ sich Herr Baumann vernehmen, „ihn zog's schon immer zur Wissenschaft."

„Leider haben manche Lehrer auch zu wenig Humor", sagte der kleine Mike Göschler. „Einmal sollten wir einen Aufsatz zu einem freigewählten Thema schreiben, und da hab ich mir eine Ulkgeschichte ausgedacht. Unsere Deutschlehrerin Frau Ritter gab mir dafür eine Fünf und schrieb drunter: ‚Höchstens für den Eulenspiegel geeignet'."

„Also Mike, nun hör auf mit den ollen Kamellen", fuhr ihn Sabine Wolter an, „du weißt genau, daß Frau Ritter nicht mehr an unserer Schule ist, sondern inzwischen bei der Lehrerzeitung arbeitet. Wenden wir uns also wieder aktuellen Problemen zu, wenn ich bitten darf!"

„Halt, halt, liebe Kinder", rief die sonore Stimme des Direktors. „Das war ja schon alles recht hübsch, aber doch sehr zugespitzt und allzusehr aus der Froschperspektive gesehen. Immerhin beweist das Experiment, euch an einem Gruppennachmittag einen satirischen Sketch nach eigener Wahl spielen zu lassen, daß wir Lehrer sehr wohl Humor haben und auch Kritik nicht scheuen. Aber nun singt noch ein paar fröhliche Pionierlieder, und dann ab in den Fernsehraum. Es läuft, wie immer im Ferienprogramm, der preisgekrönte DEFA-Film ‚Die Abenteuer des Werner Holt‘.“

1976

Aus der Ober-Schule geplaudert

Vor vielen Jahren gab es in Berlin ein Restaurant mit dem keineswegs hochstaplerischen Namen „Lukullus". Es erfreute sich großer Beliebtheit nicht nur wegen der guten Küche, sondern vor allem wegen der exzellenten Bedienung. Vornehmlich sehr junge Damen und Herren waren bemüht, die Gäste prompt, also unter Vermeidung von Wartezeiten, mit Speisekarten und saisonbedingten Empfehlungen zu versorgen. Das eigentliche Servieren hatte etwas von der Akkuratesse und Feierlichkeit einer häufig erprobten, aber nie als lästig empfundenen Zeremonie. Geschickte Hände filetierten den Fisch, stellten die Worchestersauce unaufgefordert neben das Ragout fin, lösten das Fleisch vom Eisbeinknochen. Meist wurde das jugendliche Treiben von strengen schwarzbefrackten Obern bewacht, denn das „Lukullus" war eine sogenannte Ausbildungsstätte. Manchmal hatten wir Pech. Dann gerieten wir an einen Tisch, für den kein Lehrling, sondern ein älterer Kellner zuständig war. Er machte uns ausgiebig mit seiner berufsbedingten Schwerhörigkeit bekannt, überließ Gräten und Knochen unserem eigenen Talent und zeigte sich lediglich ungehalten, wenn man die schon kalt servierte Speise monierte. Wir überlegten lange, ob sich in dieser unterschiedlichen Servier-Qualität vielleicht ein Generationskonflikt manifestiere. Mein geschätzter Kollege Lothar Creutz mutmaßte schließlich, daß die jungen Kräfte die Finessen ihres Berufes ja erst erlernen müßten, während die älteren laut Facharbeiterbrief schon alles könnten. Wem also waren sie noch Beweis und Rechenschaft schuldig?

Herr Gerlich, Direktor der Betriebsfachschule des VEB Gaststätten HO Berlin, hat durchaus einen Nerv für derlei nostalgische Anekdötchen. Aber heute, behauptet er, sei das alles ganz anders. „Seit Berlin ein Zentrum internationaler Begegnung geworden ist", sagt er stolz, „sind die Berufe Koch und Kellner kolossal aufgewertet worden." Dem schnöden Mammon allein will er diesen Wandel nicht zugeschrieben wissen. Gravierender sei der Wunsch der Lehrlinge, in wirklich erstklassige Häuser zu kommen. Dieses Etikett tragen die Restaurants im und um den Fernsehturm, Hotel Stadt Berlin, Ermeler-Haus, Weinrestaurant „Ganymed", Ratskeller im Roten Rathaus, „Lindencorso" sowie die Spezialitätenrestaurants „Moskau", „Budapest" und „Bukarest". Meinen Einwand, daß das „Lindencorso" geradezu eine Quelle für Magenverstimmungen genannt werden könne, akzeptiert Herr Gerlich sofort, verspricht aber reinigende Gewitter und anschließende Besserung. Gegen schwarze Schafe unter den Kellnern nennt er als wirksamste Waffe das Schnell-Gericht der Gäste: kein Trinkgeld und Beschwerde beim Restaurantleiter!

Das altehrwürdige Gemäuer in der Friedrichstraße 126 ist seit den zwanziger Jahren Berufsschule für Köche und Kellner, wobei erstere schon immer in der Überzahl waren. Zur Zeit gibt es 21 Klassen für Köche und 9 für Kellner. Mit Beginn des neuen Schuljahres werden die ohnehin zu engen Räume vermutlich aus den Nähten platzen, denn den 847 Lehrlingen sollen sich 400 weitere zugesellen.

Dabei sind die Bedingungen, die ein Bewerber zu erfüllen hat, ganz schön anspruchsvoll. Erfolgreicher

Abschluß der 10. Klasse ist für beide Fachrichtungen unerläßlich, wobei die künftigen Köche in den Fächern Chemie, Biologie, Physik, Mathematik und Deutsch mindestens eine zwei brauchen, während ihre servierenden Kollegen in Chemie, Biologie und Physik ruhig ein bißchen durchhängen dürfen. Sie haben statt dessen in Fremdsprachen und Staatsbürgerkunde zu glänzen. Für einen Koch genügt es zu wissen, „für wen und weshalb er kocht" (Werbebroschüre der VE Gaststätten- und Hotelorganisation Berolina).

Für Köche und Kellner gleichermaßen verbindlich sind „psychische und physische Anforderungen und Voraussetzungen" wie Konzentrationsfähigkeit, Reaktionsvermögen, Beweglichkeit, Ausdauer, Sauberkeit, Ehrlichkeit, gesunde Füße und Beine, gesunde Haut sowie keine ansteckenden Krankheiten. Von den Köchen wird eine gute, von den Kellnern hingegen eine schnelle Auffassungsgabe verlangt. Das ist auch richtig so! Wenn ich beim Kellner ein Bauernfrühstück bestelle, wünsche ich, daß er die Angelegenheit blitzartig begreift und in die Küche weitermeldet. Der Koch aber sollte in aller Ruhe rekapitulieren, ob er erst die Eier oder die Kartoffeln in die Pfanne haut, und ob er den durchwachsenen Speck an mich verschwendet, wo doch noch so viel fetter da ist.

Daß ein Kellner gesunde Arme und Beine braucht, leuchtet sofort ein. Warum aber kann ein Koch darauf verzichten? In Wahrheit braucht er auch noch ganz beachtliche Bizepse, denn außer in den hochmechanisierten Küchen (bisher nur im Hotel Stadt Berlin und in der Mehrzweckgaststätte Alex-Treff) ist die Kocherei in den großen Töpfen noch richtige Knochenarbeit. Aus diesem einfachen Grund gibt es in der Gastronomie nach wie vor mehr kochende Männer als Frauen. Vielleicht erklärt dieser Umstand auch, daß Köche – im Gegensatz zu

Kellnern – nicht unbedingt höflich sein müssen. Wer so schwer arbeitet, soll wenigstens fluchen dürfen!

Als Ausgleich haben die Kellner 300 Stunden mehr berufstheoretischen Unterricht zu absolvieren. Die Hälfte davon entfällt auf die zweite Fremdsprache, das ist im angelsachsenfreundlichen Berlin Englisch. Datenverarbeitung, für die Köche ein Nebenfach, müssen die Kellner ganze 114 Stunden lang pauken. Obwohl dergleichen früher nicht auf den Lehrplänen stand, sind mir wahre Genies bei der Verarbeitung des Datums in die Rechnung bekannt. Davon allerdings will man in der Berufsschule nichts mehr wissen. Meine Frage nach servierenden Robotern wurde ebenfalls abschlägig beschieden. Also ließ ich die Finger von der Kybernetik und wandte mich verständlicheren Fächern zu. Wenn es zum Beispiel einem Kellner gelingt, einem Gast das gewünschte Filet-Steak auszureden und dessen Appetit auf Karpfen umzulenken, hat er in Psychologie und Pädagogik aufgepaßt. Die Berücksichtigung der Karpfenschwemme fällt in den Bereich der Pädagogik, während die Arbeit mit dem Satz „Eßt Fisch, und ihr bleibt gesund!" von psychologischem Feingefühl zeugt.

Im berufspraktischen Unterricht wendet sich das Blatt wieder zuungunsten der Köche. 950 Stunden gehen drauf, bis sie die „Vor- und Zubereitung der Kartoffeln zu Sättigungszwecken" kapiert haben. In der gastronomischen Praxis werden wir zwar vorwiegend mit jenen ungenießbaren, weil chemisch geschälten Salzkartoffeln oder mehrfach aufgewärmten Pommes frites verwöhnt, aber es ist doch ein angenehmes Gefühl, daß wenigstens die Köche wissen, wie Duchesse-, Pariser- oder Schloß-Kartoffeln schmecken. Selbst die Herstellung von Thüringer Klößen gehört zum Berliner Unterrichtsprogramm. Wer sie wirklich essen will, braucht nur nach Weimar zu fahren. Im Interhotel „Elephant" gibt's täglich welche.

900 Koch-Stunden sind unter den klangvollen Namen Boucherie, Saucier/Rotisseur allem Fleischlichen gewidmet, während nach 408 Stunden Gardemanger die Kalte Mamsell perfekt ist, auch wenn es sich um einen warmherzigen Monsieur handelt.

Direktor Gerlich und seine Lehrerkollegen sehen optimistisch in Berlins gastronomische Zukunft. Seit einigen Jahren werden die Abschlüsse ihrer Lehrlinge immer besser, weil schon die Schulabgangszeugnisse der Bewerber ein höheres Niveau aufweisen als früher. „Wer gar nichts wird, wird Wirt", sagten die ollen Berliner. Aber wer heutzutage Kellner oder Koch wird, muß schon was anzubieten haben.

Der Freundschaftsvertrag mit einer Prager Berufsschule ermöglicht den regelmäßigen Lehrlingsaustausch. Letztens war eine Delegation junger Tschechen im Ermeler-Haus. Die Kochlehrlinge lobten die Freundlichkeit und Hilfsbereitschaft ihrer Berliner Kollegen, und die Kellnerlehrlinge waren besonders begeistert von dem, was es in Berliner Restaurants nicht gibt: Zahlkellner. Diesem Mangel soll, wie Direktor Gerlich versichert, keineswegs abgeholfen werden. Gute Laune, an der Berufsschule leider nicht erlernbar, gehört nun mal zum perfekten Kellner-Service. Und richtig gute Laune kriegt ein Kellner eben nur dann, wenn er sein Trinkgeld auch selbst kassieren kann.

1976

Wanderers Klagelied

Meine Thüringer Verwandten sind tatkräftige, freundliche Leute mit einem unausrottbaren Hang zu Eigenheimbau und ausgedehnten Wanderungen. Zu beidem sind sie durch die sozialen und landschaftlichen Gegebenheiten animiert, und mittlerweile halten sie ihre Lebensweise für die einzig akzeptable. Körperliche Strapazen, die das Bauen und Wandern so mit sich bringen, sind in ihren Augen unerläßlich für die Gesunderhaltung des Menschen. Diesen verzärtelten und lasterhaften Großstadttypen, die ihre Freizeit in Theatern, Kinos, Kneipen und KWV*-Wohnungen vertrödeln, dabei rauchen, trinken und über Kulturpolitik streiten, prophezeien sie ein frühzeitiges Ende. Deshalb sind meine Thüringer Verwandten sehr besorgt um mich.

„Uns", schrieb Vetter Friedhelm, „soll man keinen Vorwurf machen, wenn du jedes Jahr zur Kur mußt. Komm also im Urlaub in unser gesundes Walddörfchen, wo man noch weiß, was dem Herzen und der Lunge guttut."

Irgendwie rührte mich dieses familiäre Interesse, und außerdem hatte ich die Nase wirklich voll von der einst berühmten, längst verpesteten Berliner Luft, vom Streß im allgemeinen und den lieben Kollegen im besonderen. Also machte ich mich frohen Sinns auf die Fahrt zu jedem Weg auf den Höhen, den wir oft gegangen. Vöglein sangen ja wohl immer noch Lieder.

* KWV – Kommunale Wohnungsverwaltung

„Spazierengehen", sagte Vetter Friedhelm am Tage meiner Ankunft, „nützt dir überhaupt nichts. Morgen früh machen wir eine Wanderung zum Falkenstein. Das ist ein ziemlich gewaltiger Felsen, an dem die Bergsteiger wie die Kletten hängen. Der Weg führt durch schattige Wälder und hat nur milde Steigungen. Danach fühlst du dich wie neugeboren."

Friedhelms Gattin, Cousine Christa, begann sofort, einen riesigen Picknickkorb zu füllen. Dann begab sie sich aus dem Haus, um die restliche Verwandtschaft für den Ausflug zu gewinnen. Leider waren die meisten durch das lebhafte Baugeschehen an ihren Eigenheimen verhindert, so daß sich am nächsten Morgen nur Vetter Fred und Cousine Reni, Vetter Ernst und Cousine Helga sowie die Kinder Stefan, Christian, Britta, Daniel und Josefine einfanden.

Der Anfang des Unternehmens gefiel mir recht gut, denn wir fuhren in Autos bis zum Grenzadler in Oberhof. Wie herrlich leuchtete uns die Natur! Auch der Aufstieg bereitete zunächst keine Schwierigkeiten, denn wir benutzten die asphaltierten Wege, die eigens für Ski-Langläufer angelegt waren. Nach einer guten Stunde verspürte ich leichte Ermattung sowie ein gewisses Hungergefühl. Ich empfahl eine idyllische Lichtung als Rast- und Picknickplatz. Aber meine Thüringer Verwandten lehnten das Ansinnen ab. Rast und Picknick gäbe es am Falkenstein, nicht vorher, und überhaupt solle ich mich meiner Schwäche schämen, die einmalige Umgebung genießen und die majestätischen Fichten zur Kenntnis nehmen. Worauf sie „Mein Thüringen, mein Heimatland" zu singen begannen.

Pflichtgemäß begann ich, all die herumliegende Schönheit in mich aufzunehmen. Mir entgingen die mächtigen Berge mit dem darauf befindlichen majestätischen Grünzeug durchaus nicht, aber es waren halt immer die gleichen Erhebungen, und der nächsten folgte jeweils eine weitere. Ich bemerkte, daß ich vor lauter Wald keine Bäume mehr sah. Plötzlich wurde mir schwarz vor Augen, denn mein Kopf war wie jedes der mir verwandten Häupter in dicke Fliegenwolken gehüllt. Die widerlich summenden Biester hatten sich offenbar auch zu einer Wanderung auf den Falkenstein entschlossen, und das ausgerechnet in unserer Begleitung.

Als wir endlich auf den von meinen Thüringer Verwandten spontan besungenen Rennsteig kamen, gerieten Vetter Friedhelm und Vetter Fred in Streit über den rechten Weg, der nun einzuschlagen sei. Ich empfahl ein weiteres Mal, dieses Problem am besten sitzend und mit Hilfe einer Karte zu lösen. Aber wieder wurde ich belehrt, daß erst am Falkenstein Rastpunkt sei, und eine Karte habe man weder bei sich noch nötig, denn ein Thüringer kenne seine Berge wie seine Westentasche.

Auf Befehl von Vetter Fred steuerten wir eine Waldschneise an, die nach einer dreiviertel Stunde im Unterholz endete. Ehe wir zwangsweise den Rückzug antraten, mußten wir doch eine kurze Pause einlegen. Neffe Christian war von einer Wespe gestochen worden, Britta und Josefine hatten sich je einen Fuß verstaucht, Cousine Helga war eine Fliege ins Auge geflogen, und Neffe Stefan präsentierte seine ersten Blasen. Ich schlug vor, im Interesse der Blessierten an den Heimweg zu denken, zumal nicht feststünde, ob wir den Falkenstein überhaupt finden würden. Doch da erhob sich ein allgemeiner Proteststurm, der die majestätischen Fichten rauschen ließ. Hier fühle sich niemand schwach oder krank, denn man sei das gesunde Leben gewöhnt und nicht so empfindlich wie

Wanderers Klagelied

eine miese Stadtpflanze, die der Berührung mit unverfälschter Natur offenbar nicht mehr standhalten könne. Richtige Menschen hingegen, also Thüringer, würden eine angefangene Sache auch zu Ende führen. Und außerdem sei man nicht zum Vergnügen unterwegs, sondern ausschließlich im Interesse meiner Gesundheit.

Ich beschloß schweren Herzens, endgültig die Klappe zu halten und das Unabwendbare zu erdulden.

Nach insgsamt vier Stunden qualvollen Marschierens über Stock und sohlendurchpikende Steine sowie nach Absingen des gesamten Herbert-Roth-Repertoires kamen wir am Falkenstein an. Es handelte sich wirklich um einen gewaltigen Felsen, an dem die Bergsteiger wie die Kletten hingen. Mich faszinierte jedoch weit mehr ein kleines Gasthaus, das aus dem Schatten des Berges herübergrüßte. Mit neuerwachtem Lebensmut schleppte ich mich zu seinem Eingang, der von mannshohem Farn zugewachsen war. Ein verwittertes Schild verkündete, daß dieses Wanderer-Dorado seit langen Jahren geschlossen war. „Saftladen" stand in krakeliger Schrift darunter. Heißes Mitgefühl für jenen Verzweifelten, vielleicht von Hunger und Durst auf die Knie Geworfenen durchpulste mich. Gleichzeitig spürte ich Sympathie zumindest für meine Cousine Christa, die als einzige an den Picknickkorb gedacht hatte.

Wir rasteten und schmausten eine Stunde lang. Da die gute Christa sogar ein Fläschchen Rhöndiesel, einen ziemlich süßen Magenbitter, mitgebracht hatte, entspannte sich meine malträtierte Seele dergestalt, daß ich der reichlich vorhandenen Landschaft ein paar Komplimente angedeihen ließ. Das war leider das Signal zum Aufbruch, und Vetter Friedhelm entschied, einen ganz anderen, dafür aber kürzeren Rückweg einzuschlagen. Dankbare Blicke auch seiner Landsleute trafen ihn.

Zu früh jedoch. Für diesen angeblich kürzeren Weg hätten wir eine Bergsteigerausrüstung gebraucht. Zerschunden an Ellbogen, Füßen und Knien langten wir nach vielen Stunden auf dem Rennsteig an, der nun allerdings unbesungen bewältigt wurde. Mechanisch funktionierten meine fühllosen Beine, die Lunge pfiff, und das Herz raste. So krank, elend und ausgeliefert an ein tückisches Schicksal hatte ich mich im Sumpf der Großstadt niemals gefühlt. Doch plötzlich, den leeren Blick auf meinen wacker fürbaß schreitenden Vetter Friedhelm gerichtet, erfüllte mich ein großer, schöner, herzerwärmender Gedanke: Rache! Eiskalte, zuckersüße Rache! Diesem thüringischen Gesundbeter, der mich fürs Siechenlager reif gemacht hatte, wollte ich's heimzahlen.

Und deshalb habe ich Vetter Friedhelm und alle Thüringer Verwandten für den nächsten Urlaub nach Berlin eingeladen. Sollen sie sich an der Kasse des Fernsehturms die Füße krummstehen und im Centrum-Warenhaus den Erstickungstod fürchten lernen! Ich werde ihnen Restaurants empfehlen, in denen sie zu keiner Tages- und Nachtzeit Plätze finden! Im Strandbad Grünau sollen sie das Leben der Ölsardinen studieren und sich anschließend in der Straßenbahn 86 zuerquetschen lassen! Ich werde Karten für Ruth-Berghaus-Inszenierungen besorgen und sie danach zur Disko auf das Jugendschiff im Plänterwald einladen. Und wenn sie schließlich in tödlicher Erschöpfung um Gnade flehen, gebe ich ihnen den Rest. Dann müssen sie sich nämlich Hotelzimmer besorgen!

1976

... denn morgen ist Sonntag

An einem späten Fernsehsonnabend gerieten wir in eine Unterhaltungssendung, und als ich kurz nach Mitternacht wieder wach wurde, sagte der Moderator zu seinen Studiogästen: „Nehmen Sie bitte Ihre Stühle mit, denn morgen ist Sonntag." Dann verabschiedete er sich, und ich saß wie vor den Kopf geschlagen in meinem Sessel.

Die plötzliche Stille hatte auch meinen Mann geweckt. Er räkelte sich, gähnte schamlos und sagte: „Jetzt gehen wir ins Bett."

„Warum", fragte ich, „muß man die Stühle mitnehmen, wenn morgen Sonntag ist?"

„Geh ins Bett", sagte er, „du redest schon dummes Zeug."

Ich wollte wissen, wie weit er die spannende Sendung verfolgt hatte, vielleicht war irgendein Wort gefallen, das Licht in den geheimnisvollen Satz brachte. Aber er war genau wie ich nach den ersten Worten des Moderators eingeschlafen. Die Sendung hatte ihm gut gefallen, denn er leidet an Schlafstörungen, ist aber ein Feind chemischen Dopings.

„Trotzdem", sagte ich, „will mir nicht einleuchten, daß die Gäste eines Studios ihre Stühle mitnehmen sollen, weil morgen Sonntag ist. Werden Sonnabendnacht im Fernsehen Stühle verschenkt?"

„Blödsinn. Der Moderator hat gemeint, sie sollen ihre Stühle rausräumen, weil am Sonntag nicht gearbeitet wird."

Ich zeigte ihm einen Vogel. „Sonntags ist im Fernsehen Hochkonjunktur, w e i l nicht gearbeitet wird. Grade da glotzen alle Leute in die Röhre."

„Alle nicht", sagte er gähnend, „nur solche lahmen Enten wie du. Vernünftige Leute gehen spazieren."

„Darum geht's nicht. Es geht darum, daß am Sonntag im Fernsehen sehr wohl gearbeitet wird, und deshalb verstehe ich nicht, warum aus den Studios die Stühle weggeräumt werden müssen."

„Ich bin hundemüde", sagte er, „und es ist mir ganz piepe, wer jetzt noch wo auch immer Möbel räumt." Dann verschwand er ins Bad.

Ich folgte ihm und sagte launig: „Nimm deine Klamotten mit ins Schlafzimmer, denn morgen ist Sonntag."

Er sah mich entgeistert an. „So ein Quatsch! Die Sachen zieh ich doch morgen wieder an. Was hat denn das mit Sonntag zu tun?"

„Siehst du", triumphierte ich, „deshalb können auch Stühle im Studio bleiben, auch am Sonntag!"

„Verdammt noch mal", brüllte er, „was interessieren mich diese albernen Stühle! Sollen sie sie zerhakken oder stehenlassen, was geht uns das an?"

„Sie sollen sie aber nicht stehenlassen, sondern wegräumen. Und das finde ich nicht in Ordnung. Schließlich waren die Leute Gäste im Studio. Wir verlangen ja auch nicht von unseren Gästen, daß sie nach der Party aufräumen."

„Unsere Gäste kriegen ja auch kein Honorar."

„Aber feines Futter und was zu trinken. Und weißt du genau, daß man im Fernsehen Honorar kriegt, wenn man Gast im Studio ist? Wenn du Gast im Kessel Buntes sein willst, mußt du sogar noch zahlen. Falls du überhaupt Karten kriegst."

Mein Mann knöpfte den Schlafanzug zu, faltete die Hände, sah zur Badezimmerdecke und schlurfte wieder ins Wohnzimmer. Als ich ihm nach ein paar Minuten folgte, saß er im Sessel und trank Kognak.

„Nimm dir auch einen", sagte er fast freundlich, „und versprich mir, daß du kein Wort mehr verlierst, wenn ich dir die Sache mit den Stühlen erkläre."

Ich nickte dankbar.

„Also: Morgen ist Sonntag, und sonntags haben die Aufräumefrauen vermutlich frei. Vielleicht wird das Studio morgen für eine Sendung gebraucht, in der keine Stühle vorkommen. Ergo müssen die letzten Stuhlbenutzer ihre Stühle wegräumen, klar?"

„Wieso? Wieso können die von der Sonntagssendung nicht die stehengebliebenen Stühle wegräumen? Das sind doch dann bestimmt keine Gäste, sondern richtige Fernsehleute, die ihre Zeit bezahlt kriegen. Sind die etwa zu fein, um ein paar Gästestühle wegzuräumen?"

Mein Mann goß sich einen zweiten Kognak ein und schloß die Augen. Ich dachte, er sei eingeschlafen, aber er hatte schon eine ganze Weile nicht mehr gegähnt. Als er mich wieder ansah, wirkte er ein wenig fiebrig. „Hör zu", sagte er schwach, „wir hatten einen friedlichen, geruhsamen Abend. Der Moderator und seine Studiogäste gewiß auch, denn sonst hätten wir nicht so fest schlafen können. Nun bittet dieser müde Mann seine Gäste, sie möchten ihre Stühle mitnehmen. Na und? Hast du mich nicht schon hundertmal gebeten, die alten Zeitungen mit in den Keller zu nehmen, wenn ich heizen gehe?"

„Daß ich nicht lache! Tausendmal! Und meistens vergeblich. Aber das ist auch was anderes. Wir sind schließlich verheiratet. Ein Gast soll sich wohl fühlen und keine Umzüge veranstalten. Noch dazu vor Millionen Leuten."

„Welche Millionen Leute?"

„Na, die Fernsehzuschauer! So eine Unhöflichkeit macht doch einen schlechten Eindruck."

Mein Mann griff schon wieder zur Flasche. „Falls überhaupt jemand wach geblieben ist", sagte er wütend, „wird er ja wohl mitgekriegt haben, aus welchen schwerwiegenden Gründen die Studiogäste zu derartigen Frondiensten gezwungen wurden. Ich werde jedenfalls einen Protestbrief schreiben und fristlose Entlassung des Moderators verlangen – wegen nächtlicher Ruhestörung!"

„Na gut, dann gehen wir eben ins Bett", sagte ich. „Aber nimm die Flasche nicht mit, denn morgen ist Montag."

1977

Die Masseuse als Entspannungsfaktor

Unsere Abteilung ist, ehrlich gesagt, ein richtiger Saustall. Lauter Klatschtanten, die Kerle eingeschlossen. Wenn zwei zusammensitzen, ziehen sie garantiert über einen dritten her. Manne, unser Abteilungsleiter, ist ja noch verhältnismäßig zurückhaltend. Muß er ja auch. Erstens als Leiter und zweitens wegen Karin. Wenn so eine miese Stenotypistin Sachbearbeiterin wird, weiß man doch schon alles.

Fritz ist ja soweit ganz nett, hat Charme, der Junge, und bringt einem auch mal was aus dem Delikatladen mit. Aber wenn er noch einmal vor aller Ohren darauf anspielt, daß ich während der Arbeitszeit beim Friseur war, platzt die Bombe.

Fritz haut nämlich jeden Freitag eine Stunde früher ab. „Ich muß dringend beim Zahnarzt vorbeigehen", sagt er. Zweimal hab ich ihn beobachtet. Er geht wirklich beim Zahnarzt vorbei, am Haus nämlich, und dann verschwindet er stehenden Fußes in der U-Bahn.

Inge ist auch so eine Type. Ich glaube, sie ist überhaupt nur berufstätig, weil sie zu Hause kein Telefon hat. Den ganzen Tag hängt sie an der Strippe und quatscht Privatkram. Nicht mal die Teestunde in Günters Zimmer ist ihr heilig.

Käthchen ist eine fürchterlich eingebildete Ziege, weil ihr Mann beim Fernsehen arbeitet. Dauernd kommt sie in neuen Exquisitfummeln und haut auf die Pauke mit ihren ganzen berühmten Bekanntschaften.

Als ob unsereiner keinen kennt! Bei mir um die Ecke wohnt zum Beispiel Willi Schwabe, ohne daß ich damit groß was hermache. Aber Käthchen hat auch ihre guten Seiten. Kollegialität und Hilfsbereitschaft zum Beispiel.

„Du gehst so krumm", sagte sie neulich, „hast du vielleicht Spondylose?"

„Das doch wohl hoffentlich nicht", sagte ich, „mehr so Verspannungen im Nacken, vom ewigen Tippen."

„Dagegen hilft nur Massage", sagte Käthchen. „Ich hab da eine prima Physiotherapeutin, die kommt nach Feierabend manchmal zu mir nach Hause. Anderthalb Stunden Ganzmassage – da fühlst du dich wie neugeboren. Soll ich sie dir mal schicken?"

„Mensch, Käthchen", sagte ich gerührt. Also, die Masseuse war ein paar Mal bei mir, immer montags. Ungeheuer sympathische Frau, freundlich, gebildet – alles. Nur bewirten ließ sie sich nicht, vor allem nicht mit Alkohol. Aus gesundheitlichen Gründen, sagte sie, und das muß man ja wohl respektieren. Wenn sie einen durchknetet, was sogar schön ist, wenn's weh tut, erzählt sie über ihre andere Kundschaft. Über Käthchen zum Beispiel. Wie nett die ist, wie bescheiden und natürlich.

„Die arrogante Kuh", sagte ich, „von wegen bescheiden und natürlich!"

„Nein, wirklich", sagte die Masseuse, „wenn ich was anderes sagen würde, müßte ich lügen. Und gerade Sie hat Frau Käthe ins Herz geschlossen, weil Sie so ein einmaliger Pfundskerl sind." Na ja, ich war ja schon eingangs der Meinung, daß Käthchen auch ihre guten Seiten hat. Vielleicht gehört sie nicht mal direkt zu den Klatschtanten in unserer Abteilung. Hat die Frau ja auch gar nicht nötig, bei dem Bekanntenkreis!

Auf meine Fürsprache hin ging die Masseuse an jedem Dienstagabend zu Inge. Die hat vom vielen Telefonieren Sehnenscheidenentzündung in den Handgelenken, aber seit sie massiert wird, fällt ihr das Hörerhalten schon viel leichter. Inge vermittelte die Masseuse an Karin weiter, na, und da war's ja klar, daß sie auch bald unseren Abteilungsleiter Manne und dessen angetraute Fettlawine behandeln würde.

Aber wenn ich die Masseuse fragte, ob Inges Telefonitis nicht lieber von einem Psychiater behandelt werden sollte, und ob sich Karin vielleicht einbildet, unser Chef ließe sich ihretwegen scheiden, nur weil sie zehn Kilo weniger wiegt als seine Frau, antwortete sie, daß ich die Dinge falsch sehe. Inge zum Beispiel nähme immer einen Haufen Arbeit mit nach Hause, weil's in unserm Büro ja wirklich ein bißchen laut zugehe, aber trotzdem würde sie kein böses Wort über die Kollegen verlieren, im Gegenteil. Sie fühle sich wohl in unserem Kollektiv, wo einer für den anderen da sei, und besonders von mir habe sie mit großer Herzlichkeit, wenn nicht gar mit Hochachtung gesprochen.

Ich war direkt ärgerlich auf mich. Da tut man nun einem ehrlichen Menschen Unrecht, nur weil er nicht dauernd sein Herz auf der Zunge trägt. Und das mit dem Telefonieren, also, da soll sich mal jeder schön an die eigene Nase fassen. Ich auch, das will ich gar nicht leugnen.

Die Sache mit Karin und Manne bestritt die Masseuse allerdings kategorisch. Wenn ich sähe, sagte sie, wie unser Chef mit seiner Frau umgeht, daß er sie sogar beim Massieren küßt, käme ich nie auf solche Ideen. Ich stellte gleich richtig, daß es ja nicht nur auf meinem Mist gewachsen ist, die einen sagen eben was, und man plappert es gedankenlos nach. Eben, sagte die Masseuse, das sollte man lieber nicht tun. Der

Chef jedenfalls hätte eine hohe Meinung von uns allen, und – im Vertrauen gesprochen – besonders von mir!

Jedenfalls hatte sich, seit die Masseuse zu uns allen kam, das Betriebsklima entschieden gebessert. Alle waren irgendwie freundlicher geworden, weil man ja nun aus erster Hand erfuhr, daß die Menschen zwar verschieden, aber deshalb doch nicht direkt unübel sind. Hinzu kam natürlich, daß uns allen die Massage gut tat, Kreuz- und Kopfschmerzen ließen spürbar nach. „Wie wär's", sagte ich während einer unserer Teestunden, „wenn wir die Masseuse zu unserer Brigadefeier einladen würden?" Alle waren gleich Feuer und Flamme, und unser Abteilungsleiter Manne meinte, es wäre schade, daß wir ihr als Nichtangehörige des Betriebes keine Prämie zahlen könnten. Jedenfalls sammelten wir Geld für einen großen Kasten Konfekt, und ich durfte ihr die Einladung überbringen. Es war gar nicht so leicht, sie zu überreden, denn in ihrer Bescheidenheit wollte sie erst ablehnen. Ich ließ jedoch nicht locker, weil sie doch unser guter Geist ist, und endlich sagte sie zu, aber sie wollte aus gesundheitlichen Gründen nur Cola trinken.

Vorige Woche war's nun so weit. Wir hatten Mannes Zimmer prima ausgeschmückt, Salate und Aufschnittplatten im Menüladen gekauft, und mit dem ganzen Schnaps hätten wir glatt eine Kneipe eröffnen können. Die Masseuse wurde empfangen wie ein Ehrengast, aber sie trank nicht mal zur Begrüßung ein Glas Sekt mit uns. Trotzdem wurde es ungeheuer gemütlich, und nicht wie sonst, wo nach dem dritten Wodka die Sticheleien anfangen. Irgendwann sagte die Masseuse, ihre Cola schmecke plötzlich so anders, auf jeden Fall besser, und unser Charmeur Fritz verschwand kichernd mit ihrem Glas, um es neu zu füllen.

Vielleicht lag's daran, daß wir alle schon ganz schön getankt hatten und nicht gleich merkten, was mit der Masseuse los war. Auf einmal wurde sie mächtig munter und tanzte auf Mannes Schreibtisch einen Cancan, daß den Kerlen die Augen übergingen. Dann fiel sie Günter um den Hals und sagte, er hätte den schönsten Bauch von Berlin, davon könnten sich die anwesenden Damen getrost eine Scheibe abschneiden. Und dann landete sie auf Mannes Schoß. Sie knutschte ihn ab und fragte, wann er sich endlich von seiner dicken Frau scheiden lassen wolle. Und sie hoffe doch sehr, daß dieser Akt nicht zugunsten des dämlichen Flittchens Karin vollzogen würde. Von mir sollte er auch lieber die Finger lassen, denn die Beziehung zu einer so gottlosen Schandschnauze käme akuter Lebensgefahr gleich. Dann würde sie ihm schon eher Käthchen empfehlen, die sei für jeden Liebesdienst dankbar, denn ihr Mann opfere sich ja schon erfolgreich für das Fernsehballett auf.

Ich weiß nicht mehr genau, wie die Brigadefeier ausging, weil ich wegen eines nervösen Heulkrampfs zur Betriebsärztin mußte. Am Tag darauf waren verschiedene Kollegen krank, angeblich wegen des Kartoffelsalats aus dem Menüladen. Fritz bekam einen disziplinarischen Verweis. Karin wollte gesehen haben, daß er in die Cola der Masseuse ständig Wodka gegossen hatte.

Jetzt ist in unserer Abteilung wieder alles beim alten. Nur die Rücken- und Kopfschmerzen haben allgemein zugenommen. Aber unser Abteilungsleiter Manne will bei der BGL* anregen, daß eine hauptamtliche Masseuse angestellt wird. Und statt uns wie bisher bei Brigadefeiern zu besaufen, wollen wir in Zukunft geschlossen ins Museum gehen.

1977

*   BGL – Betriebsgewerkschaftsleitung

Die Dichterlesung

„**W**ir sollten einmal einen kulturellen Höhepunkt an-
streben", sagte Ilse Damaschke, die Vorsitzende der
DFD-Gruppe* Bärmwalde. „Wenn auch unsere Ge-
meinde nur siebenhundert Seelen zählt, so heißt das
doch noch lange nicht, daß Bärmwalde kulturell auf
dem Mond liegt, nicht wahr?"

„Sehr richtig", bestätigten die sechs aktiven Bundesfreundinnen. Und auch die fünf weniger aktiven –
gewissermaßen die schweigende Minderheit – nickten
zustimmend.

„Ich schlage deshalb vor", schlug Ilse Damaschke
vor, „als gesellschaftlich-kulturellen Höhepunkt unserer Arbeit eine Dichterlesung zu veranstalten."

„Ausgezeichnet", sagte Berta Neugebauer, Oma
und Uroma einer zwanzigköpfigen Nachkommenschaft,
„aber was ist eine Dichterlesung?"

„Ja, was ist denn das?" erkundigten sich die anderen, von denen nur eine, die Nadelarbeitslehrerin Anna
Meisgeier, noch im Berufsleben stand.

Die Vorsitzende war ein wenig verlegen. „Ganz
genau weiß ich es auch nicht, aber meine Große, die in
der Stadt- und Kreisbibliothek arbeitet, hat mir davon
erzählt. Es wird also ein Dichter eingeladen. Wenn er
die Einladung annimmt, muß er natürlich ein Honorar
bekommen, denn er hat extra für uns seinen Schaf-
fensprozeß unterbrochen. Ich werde mir also die

* DFD – Demokratischer Frauenbund Deutschlands

113

Adresse eines Dichters besorgen und ihn einladen. Und wenn er zusagt, dann bitte ich mir aus, daß die Veranstaltung auch wirklich ein kultureller Höhepunkt wird. Dazu kann jede von uns auf ihre Weise beitragen."

Der Kinderbuchautor Rudolf P. Meyer wunderte sich sehr, als er von der Bärmwalder DFD-Gruppe eine Einladung erhielt. Natürlich war er schon öfter zu Lesungen gebeten worden, aber eigentlich immer in Kinderbibliotheken oder Schulen. Andererseits freute er sich, mit seinen Werken endlich einmal auf Interesse bei Erwachsenen zu stoßen. Außerdem war der Brief in so rührend-höflichen Worten abgefaßt, daß er allein deshalb spontan akzeptierte. Sogar Frau Meyer, die ihrem Mann und seinen Werken im allgemeinen mehr kritisch als wohlwollend gegenüberstand, war bereit mitzukommen.

Als Meyers ihren Wartburg vor der Konsum-Gaststätte Bärmwalde parkten, wurden sie von einem Empfangskomitee der DFD-Gruppe mit Blumen begrüßt. Sodann erfolgte der Einmarsch ins festlich geschmückte Vereinszimmer, an dessen Stirnwand eine Ausstellung der gelungensten Arbeiten des Batikzirkels aufgebaut war. Frau Meyer bewunderte einen vielfarbig bedruckten Klammerbeutel, worauf er ihr sofort als Geschenk überreicht wurde. Vor Schreck verschluckte sie weitere Komplimente.

Nach einer zu Herzen gehenden Begrüßungsrede der Vorsitzenden Ilse Damaschke, in der sie Rudolf P. Meyer einen der namhaftesten und fleißigsten Helden der Feder nannte, brachen die Anwesenden in Hochrufe aus. Meyer konnte seiner Rührung kaum Herr werden und wollte zu einer kurzen Dankesrede anheben, um dann das lustigste Kapitel aus seinem neuen Kinderbuch vorzulesen. Aber da wurde der Kaffee serviert, und sechs Bärmwalderinnen traten mit selbstgebackenen Torten vor den Meister.

„Wir haben uns etwas Lukullisches ausgedacht, Herr Meyer", sagte Ilse Damaschke, „Sie kosten jetzt mit geschlossenen Augen je ein Stückchen der leckeren Bäckereien und sagen dann, welche Ihnen am besten gemundet hat. Das Rezept der Siegertorte wird im Anschluß Ihrer Gattin überreicht."

„Das ist ja hinreißend", jubelte Frau Meyer, die genau wußte, daß ihr Mann Süßes verabscheute. Rudolf P. Meyer spürte zwar, wie sich seine Magennerven zusammenzogen, war aber außerstande, die vor Erregung bebenden Konditorinnen zu enttäuschen. Nach der dritten Kostprobe verfärbte er sich leicht und schwor, er werde Bärmwalde nicht eher verlassen, bis er nicht alle sechs Rezepte sein eigen nenne. Die Anwesenden applaudierten minutenlang.

Rudolf P. Meyer stand auf, verbeugte sich linkisch und wollte nun endlich mit seiner Lesung beginnen. Doch noch ehe er den Mund öffnen konnte, sagte die Vorsitzende: „Und nun, verehrte Gäste, folgt eine lustige Darbietung der Bundesfreundinnen Gerda Otto und Hertha Dietze."

Die beiden freundlichen alten Rentnerinnen verschwanden, vom Lampenfieber geschüttelt, hinter einem Kinderkasperletheater. Auf der Bühne erschienen die Handpuppen Spejbl und Hurvinek, die, von Gerda und Hertha geführt, den Text optisch untermalten, der aus dem Lautsprecher eines Plattenspielers drang. Die Vorstellung dauerte eine dreiviertel Stunde, dann war die Langspielplatte zu Ende.

Rudolf P. Meyer belobigte die Damen für ihre Fingerfertigkeit und vor allem für die originelle Idee. Langsam wurde er ein wenig nervös, denn der Abend neigte sich schon, und er wollte nun endlich ans selbstverfaßte Werk gehen. Doch Ilse Damaschke kündigte schon den nächsten Programmpunkt an. „Und nun, liebe Gäste, möchte sich unser neugegründetes Bärmwalder Frauenquartett das Vergnügen machen, Ihnen einige Lieder der Heimat zu Gehör zu bringen." Die vier Damen stellten sich im Halbkreis auf und sangen zweistimmig und nicht einmal schlecht. Da Meyers nicht mit Beifall geizten, folgte Zugabe auf Zugabe.

Kurz vor Mitternacht, mitten im Gesang vom Vugelbeerbaam, erschien der Wirt der Konsum-Gaststätte und gebot Polizeistunde. Ilse Damaschke setzte zu einer letzten Rede an, in der sie betonte, daß die Dichterlesung wirklich zu einem kulturellen Höhepunkt in Bärmwalde geführt habe.

Sie überreichte dem völlig verdatterten Kinderbuchautor Rudolf P. Meyer ein Kuvert mit dem vereinbarten Honorar und drohte ihm, da er es nicht annehmen wollte, mit dem Entzug der sechs Tortenrezepte. Jeder einzelne bedankte sich bei Herrn und Frau Meyer für die wirklich wundervolle, unvergeßliche und möglichst bald zu wiederholende Dichterlesung, und unter dem Gesang der Versammelten tukkerten Meyers zum Städtele hinaus.

„Das Wichtigste", sagte die zwanzigfache Oma und Uroma Berta Neugebauer auf dem Heimweg, „das Wichtigste haben wir heute abend leider vergessen."

„Und was sollte das gewesen sein?" fragte die Vorsitzende Ilse Damaschke.

„Wir hätten Herrn Meyer fragen sollen, ob er außer dem großen Lexikon auch noch andere Bücher geschrieben hat."

1977

116

Schlamperei

Neumanns wollten ins Theater. Das heißt, Herr Neumann wollte ins Theater. Er hielt es für kulturvoller als Kino, auch wenn er sich langweilte oder gar einschlief. Frau Neumann wollte sich lieber amüsieren. Aber für „Zwei Krawatten" gab's nun mal keine Karten.

„Bist du bald fertig mit deiner blöden Lackiererei?" fragte Herr Neumann.

„Nur noch den Daumennagel", antwortete Frau Neumann. „Such mir mal inzwischen die silbernen Schuhe."

„Und wo stehen die, wenn ich fragen darf?" fragte Herr Neumann.

„Wenn ich das wüßte, brauchtest du sie nicht zu suchen. Du weißt ja auch nie, wo deine Brille ist."

„Danebengeschossen! Wenn ich die Brille nicht auf der Nase hätte, könnte ich ja nicht sehen, wie du dich extra langsam anstreichst. Nur, damit wir wieder mal zu spät kommen!"

Frau Neumann verschraubte das Nagellackfläschchen. „Schon erledigt! Hättest du meine Schuhe gesucht, statt dich künstlich aufzuregen, könnten wir jetzt schon gehen." Sie bückte sich und kroch halb unter die Couch.

„Was soll denn das nun wieder? Ich denke, du suchst die Schuhe?"

„Eben, eben", sagte Frau Neumann. „Sieh du inzwischen unter den Schränken nach."

„Den Teufel werd ich tun! Warum kannst du nie einen Gegenstand an den Ort legen, an den er gehört? Verfluchte Schlamperei!"

Frau Neumann kam leicht zerrauft, aber sichtbar triumphierend unter der Couch hervor. „Gestattest du, daß ich dir deinen Personalausweis überreiche? Natürlich wußtest du die ganze Zeit, wo er ist, denn Personalausweise gehören ja bekanntlich unter die Couch. Soviel zum Thema Schlamperei!"

Herr Neumann atmete erleichtert auf. „Mach du hier weiter", sagte er einlenkend, „ich seh mich wegen deiner Schuhe mal im Schlafzimmer um."

Nach gründlicher Durchforstung des Wohnzimmers hatte Frau Neumann einen silbernen Manschettenknopf, eine Medaille für ausgezeichnete Leistungen und ein unausgewickeltes Weihnachtspäckchen vom Vorjahr gefunden. Die silbernen Schuhe waren ihr nicht begegnet.

Herr Neumann hatte unter den Ehebetten eine rote Sandalette entdeckt. „Zieh die an", sagte er, „es ist höchste Zeit."

Frau Neumann wehrte ab. „Erstens paßt rot nicht zum grünen Kleid, und zweitens habe ich zwei Füße. Ich versuch's mal in der Küche."

„Und ich im Kinderzimmer", schlug Herr Neumann vor.

„Untersteh dich", schimpfte seine Frau, „wegen deinem dämlichen Theater auch noch den Jungen wecken, so weit kommt's noch!"

„Also doch", entrüstete sich Herr Neumann, „du gibst es zu, daß du gar nicht willst! Das mit den Silberschuhen ist reines Affentheater, um mich vom Theater abzuhalten!"

Frau Neumann tippte sich an die Stirn. „Du spinnst, mein Herzblatt! Wenn's dir zu lange dauert, dann geh doch allein. Zum Bowling gehst du ja auch ohne mich."

„Werd nicht unsachlich", schnauzte Herr Neumann. „Bowling fällt unter Gewerkschaftsgruppenarbeit, da reißt du dich ja sonst auch nicht drum. Was hast du denn da?"

Frau Neumann hockte auf den Küchenfliesen vor einem weißen Blechschrank, in dem die nie benutzten Teile der Küchenmaschine untergebracht waren. Hinter der Orangenpresse zerrte sie die zweite rote Sandalette sowie ein Fotoalbum hervor.

„Da ist es ja endlich", rief sie entzückt. „Wie haben wir das Album gesucht, als meine Eltern zu Besuch waren! Sieh doch, unser Hochzeitsfoto! Mein Gott, waren wir damals glücklich."

„Das könnten wir auch jetzt noch sein, wenn du endlich Schuhe anziehen würdest", sagte Herr Neumann nach einem Blick auf die Uhr. „Nun nimm schon die roten Sandaletten, im Theater ist es sowieso dunkel."

„Aber in der Pause ist es hell", widersprach Frau Neumann. „Sag mal, was sind denn das für Fotos? Ich meine die in dem Tütchen. Moment mal, da bin ich doch gar nicht ... Wer ist denn das, die Ziege mit dem schweinischen Dekolleté? Und wieso legst du den Arm um die Person?"

Herr Neumann entriß seiner Frau die Fotos. „Sei nicht albern, Liebling. Das sind Aufnahmen lange vor unserer Zeit. Du wirst doch nicht eifersüchtig sein auf Schnee vom vergangenen Jahr!"

„Vom vergangenen Jahr?" rief Frau Neumann.

„Symbolisch gemeint, du Schäfchen. Uraltguthaben!"

„Na, dann kannst du sie mir ja ohne weiteres zeigen."

Frau Neumann brachte die Fotos wieder an sich.

119

„Verdammt noch mal", brüllte ihr Mann, „find endlich diese idiotischen Schuhe, sonst verpassen wir noch den ersten Akt!"

Frau Neumann sah starr auf die Fotos. „Die erste Szene kannst du gleich haben. Wann entstanden diese Fotos?"

„Weiß ich nicht mehr. Leg sie hin und such die ..."

Frau Neumann guckte wie ein Racheengel. „Ich brauche nichts mehr zu suchen, ich hab schon was gefunden, nämlich einen Scheidungsgrund. Hier ist der Beweis: Auf dem Foto mit dem dekolletierten Flittchen trägst du den Pullover, den ich dir voriges Jahr zum Geburtstag geschenkt habe!"

Herr Neumann studierte das Foto mit der Gründlichkeit eines Uhrmachers. „Aber natürlich, mein Schätzchen, jetzt seh ich's auch! Das ist ja Gisela, unser Gewerkschaftsvertrauensmann. Das war eben an so einem Bowlingabend, ganz harmlos, eine rein kollegiale Umarmung. Aber wenn du willst, geh ich nie mehr mit. Sollen die ihren Gewerkschaftskram ohne mich machen!"

„Ich glaub dir kein Wort, du betrügerisches Subjekt", schrie Frau Neumann und begann herzzerreißend zu schluchzen.

Herr Neumann eilte ins Schlafzimmer, um seiner Frau ein frisches Taschentuch zu holen. Im Wäscheschrank fand er eine Flasche französischen Kognak, nach der sie letztes Silvester wie verrückt gesucht hatten. Gegen Mitternacht war die Flasche fast leer. „Ich verspreche dir feierlich", sagte Herr Neumann mit schwerer Zunge, „daß von nun an alles anders wird. Auch ins Theater gehen wir erst wieder, wenn ich Karten für die ‚Zwei Krawatten' habe. Und damit wir wenigstens dann pünktlich sind, wollen wir ab sofort Schluß machen mit dieser elenden Schlamperei."

„Einverstanden", sagte Frau Neumann, „und deshalb werde ich die roten Sandaletten gleich mal ordentlich wegräumen."

Als sie den Schuhschrank öffnete, glitzerten ihr die Silberschuhe entgegen.

Herr Neumann rang sichtbar um Fassung. „Nun gut", sagte er nach einer Weile, „damit konnte in diesem Haushalt ja nun wirklich niemand rechnen."

1977

Schweigen ist Gold

Es war Sonntagmorgen in Spreeathen und den Radioklängen zufolge nicht mehr sieben, aber auch noch nicht zehn. Die Frau sah grimmig drein und beschmierte aufgebackene Schrippen mit Butter und Honig. Durch die offene Balkontür schien die Sonne mit aller Kraft.

„Einmal", sagte die Frau laut und mürrisch, „einmal möchte ich erleben, daß du an einem solchen Tag nicht abhaust. Können wir denn nicht mal wie normale Menschen ins Grüne fahren und spazierengehen?"

„Geh doch", rief der Mann aus dem Schlafzimmer, „niemand hindert dich."

„Ich will aber nicht allein", schimpfte sie, „wozu bin ich verheiratet? An deinem blöden Fußball geht unsere Ehe sowieso noch mal zugrunde. Wenn du nicht in irgendein verdammtes Stadion rennst, guckst du dir sämtliche Fußballspiele im Fernsehen an, oder du liest die Fußballwoche. Einen Fußball hättest du heiraten sollen."

„Wie wär's", sagte der Mann, der sich endlich an den Frühstückstisch gesetzt hatte, „wenn du einmal die Klappe halten würdest?"

„Jedenfalls hast du damals gelogen", sagte die Frau. „Ich habe nur auf deine Annonce geantwortet, weil drinstand ,Interesse für Theater, Reisen, Natur sowie alles Gute und Schöne'. Und was findest du wirklich schön? Fußball, nichts als Fußball."

122

Schweigen ist Gold

„Stimmt. Auf dem Fußballplatz habe ich wenigstens meine Ruhe."

Die Frau sah ihn wütend an. „Kannst du mir vielleicht sagen, wann wir das letzte Mal im Theater waren?"

„Hör auf mit dem Theater", sagte der Mann.

„Ich will aber nicht aufhören", keifte die Frau. „Du hörst ja auch nicht auf mit dem verfluchten Fußball. Dafür kannst du sogar meilenweit verreisen. Wegen irgendeines idiotischen Spiels nach Leipzig, daß ich nicht lache! Noch dazu mit dem Flugzeug."

„Himmeldonnerwetter", donnerte der Mann, „es handelt sich nicht um irgendein Spiel, sondern um Traktor Lissabon gegen Lok Leipzig! Und nun tu mir den einzigen Gefallen und sei still."

„Warum soll ich still sein, wenn du unser Geld aus dem Fenster wirfst? Erst fährst du nach Leipzig, um dich die halbe Nacht nach Karten anzustellen, und dann kriegst du nicht mal eine. Wenn du sie sowieso auf dem schwarzen Markt kaufen mußtest, hättest du das zu Hause machen können. Ich möchte ja nicht wissen, was du dafür bezahlt hast."

„Na, dann bin ich ja zufrieden", sagte der Mann ehrlich, denn die Karte war wirklich unanständig teuer gewesen. Er holte das Billett aus der Stahlkassette im Wandschrank und legte es behutsam neben seinen Frühstücksteller.

„Ich bin noch nie geflogen", blubberte die Frau, „für mich ist ja die verdreckte Reichsbahn gut genug. Was würdest du eigentlich machen, wenn ich schwerkrank würde? Ich meine jetzt, auf der Stelle?"

„Ich würde dich ins Krankenhaus bringen", antwortete der Mann und wünschte sich inbrünstig, irgendein gütiger Arzt möge sie für längere Zeit narkotisieren.

„Na herrlich", schrie die Frau, „ab mit der Alten ins Krankenhaus und dann schnell zum Flugplatz, damit die Fußballaffen nur ja nicht ohne dich anfangen. Unsereiner kann sterben und verderben, Hauptsache, du hast deinen Fußball. Ich könnte ja eine schwierige Operation haben, Amputation oder dergleichen. Dich würde das nicht interessieren. Aber wenn einer von deinen krummbeinigen Lieblingen verfault wird, da geht die Welt unter!"

„Es heißt gefoult", sagte er mühsam beherrscht, „und nun will ich nichts mehr hören!"

„Ist mir völlig schnurzpiepe, wie es heißt. Ich wünsche mir nur, daß du mal ein ordentliches Ding ans Schienbein kriegst. Oder einen kräftigen Schmetterball an die Birne. Vielleicht wirst du dann normal."

„Jetzt langt's mir aber", brüllte der Mann. „Du bist doch wirklich das zänkischste und ignoranteste Weib, das mir je begegnet ist. Wenn's anders wäre, würde ich unter Umständen nicht so oft zum Fußball gehen. Darüber solltest du mal nachdenken!"

Die Frau heulte auf, als habe er ihr einen Leberhaken versetzt. „Soweit ist es also gekommen: Ich bin schuld! Nicht genug damit, daß du mich seit Jahren an jedem Wochenende mit dem Fußball betrügst, jetzt muß ich mich auch noch verhöhnen und beleidigen lassen! Weißt du, was ich mir wünsche? Daß dein Flugzeug abstürzt, und zwar genau über dem Leipziger Fußballstadion!"

„Jetzt halt aber dein gottloses Maul!" Der Mann knallte seine Faust mit solcher Wucht auf den Tisch, daß der Kaffee aus den Tassen schwappte und das Honigglas auf den Teppich fiel. Nach der ersten Schrecksekunde begann die Frau hysterisch zu lachen. Diese Reaktion brachte den Mann fast zur Raserei. Er sprang auf und rannte mitten durch die Honigpfütze aus dem Zimmer.

Kurz darauf kam er fertig angezogen zurück und riß die Eintrittskarte vom Tisch. Er wollte sie in seine Jackettasche schieben, doch da er vor Wut am ganzen Leibe zitterte, verfehlte er das Ziel. Die Karte segelte, ohne daß es der Mann bemerkte, auf den Teppich. Beim Davonstürmen trat er mit seinem honigbeschmierten Schuh darauf, und das kostbare Stückchen Papier blieb wie eine Briefmarke an der Sohle kleben.

Die Frau hatte den Vorgang mit weitaufgerissenen Augen verfolgt. Sie brauchte einige Zeit, bis sie das ganze Ausmaß des bevorstehenden Dramas zu erfassen vermochte. Der Gedanke, daß ihr Mann verzweifelt vor dem Leipziger Fußballstadion stehen und vergeblich nach der Karte suchen würde, erfüllte sie mit einem fast vergessenen Glücksgefühl. Sie ging auf den Balkon und sah ihren Mann aus dem Haus treten. „Ganz wie du willst, mein Schatz", dachte sie lächelnd, „dann halt ich eben die Klappe."

1978

Der Brautstrauß

Bücher sind Lebensmittel für den Kopf, und die Leute in unserem Land werden diesbezüglich immer gefräßiger. Buchhändlerinnen und Bibliothekarinnen könnten zu diesem Thema ganze Hymnen schreiben. Aber da nicht das Schreiben, sondern der Vertrieb oder der Verleih des Geschriebenen zu ihren Tätigkeitsmerkmalen gehört, mußten sie sich notgedrungen etwas einfallen lassen. Zuerst fiel ihnen auf, daß man in den meisten Fällen eher den Schriftsteller als seine Bücher bekommt. Diesen natürlich ausschließlich leihweise, aber dafür leibhaftig. So entstanden in Betrieben, Kulturhäusern, Buchhandlungen und Studentenklubs jene Veranstaltungen, auf denen die Autoren den am Lesen gehinderten Lesern ihre Bücher einfach vorlesen.

Durch diese schöne und mittlerweile längst traditionelle Mangelbekämpfungsmethode wurde jedoch ein anderer Mangel schmerzhaft offenkundig: Der Mangel an Schnittblumen. Es gehört nämlich zu den ebenfalls traditionellen Gepflogenheiten, dem vorlesenden Schreiber als Dank für seine Bemühungen Blumen zu überreichen. Ich weiß nicht, wer das nun wieder erfunden hat, aber es muß ein freundlicher Mensch gewesen sein. Und vor allem ein älterer, noch in dem historischen Wahn befangen, man könne zu beliebiger Jahreszeit in ein beliebiges Blumengeschäft gehen und Schnittblumen kaufen. Aus diesem Grund machen Bibliothekarinnen häufig einen leicht verbiesterten Eindruck.

Jüngst war es auch mir wieder einmal vergönnt, im Kultursaal eines Berliner Großbetriebes ein Lesestündchen zu absolvieren. Die Veranstaltung war zwar wie üblich von der Gewerkschaftsbibliothekarin organisiert worden, aber die Einladung an mich erging vom Direktor höchstpersönlich. Am Schluß der Lesung, welcher er ungewöhnlicherweise ebenfalls in eigner Person beigewohnt hatte, überreichte er mir etwas, das mich vor freudigem Schreck minutenlang sprachlos machte: ein nach allen Regeln des Ikebana gebundenes riesiges Bukett, bestehend aus dunkelroten Gerbera, Teerosen und einem Stengel weißer Orchideen.

„Um ein Haar", sagte der Direktor erklärend, „hätten wir Sie ohne Blumen verabschieden müssen. Aber in letzter Sekunde und im zehnten Blumenladen hatten wir Glück. Es ist ein Brautstrauß, der nicht abgeholt wurde."

Ich war so erschüttert über die erlesene Kostbarkeit, daß ich kaum danken konnte. Auf dem Weg zur S-Bahn spürte ich die neidischen Blicke der Passanten. Manche guckten auch etwas komisch, weil sie außer dem Strauß nichts Bräutliches an mir zu entdecken vermochten. Auf die Frage eines offenbar einschlägig interessierten jungen Mannes, wo ich das urst einfetzende Gemüse erstanden und was es gekostet habe, konnte ich nur verlegen die Achseln zucken. Doch nun erst wurde mir klar, daß der Strauß wirklich ein Vermögen wert sein mußte. Allein der Stengel weißer Orchideen war gewiß kein Pappenstiel. Ich erinnerte mich, daß derlei Luxusgewächse nach der Anzahl der Blüten berechnet werden, und kam bei einer raschen Zählung auf die Summe von vierzehn Stück. Heiße

Dankbarkeit für den noblen Direktor erfüllte mein Herz.

Dieser Brautstrauß war also nicht abgeholt worden. Warum nicht? Hatten es sich die beiden anders überlegt? Oder war nur einer von ihnen, beispielsweise der Bräutigam, zu der Erkenntnis gelangt, daß Blumenkauf und standesamtliche Zeremonie folgenschweres Verhängnis über ihn bringen könnten? Wenn es sich so verhielt, hätte er im Blumengeschäft anstandshalber seine Bestellung rückgängig machen müssen. Vielleicht aber war die Rücknahme des Ja-Wortes bei seiner nun schon ehemaligen Braut von solchen Szenen begleitet gewesen, daß er darüber seine Pflichten als verantwortungsbewußter Partner des Einzelhandels völlig vergessen hatte.

Zu Hause stellte ich den Strauß in meine schönste Kristallvase. Doch nach wie vor ließ mich der Gedanke an die nicht zustande gekommene Hochzeit zweier gewiß junger, hoffnungsfreudiger Menschen nicht los. Es konnte ja auch sein, daß der Bräutigam in spe über die Änderung seiner Absichten feige geschwiegen hatte. Ich sah die in unschuldiges Weiß gekleidete Braut förmlich vor mir, wie sie, begleitet von Eltern, Anverwandten und engsten Freunden, zunächst erwartungsvoll und schließlich vor Verzweiflung zitternd im Wartezimmer des Standesamtes auf und ab rannte. Den schönsten Tag ihres Lebens hatte er ihr verdorben! Möglicherweise löste die peinliche Panne sogar einen traumatischen Schock bei ihr aus, so daß sie künftige ernstgemeinte Anträge in der Erinnerung an das heutige Desaster schlankweg ablehnen würde. Wie aber, wenn ich dem armen Kerl unrecht tat? Wenn sie es war, die ihm kurzfristig den Laufpaß gegeben hatte? Und wenn er, infolge seelischen Kurzschlusses, auf irreparable Weise reagiert hatte?

Ich muß gestehen, daß mir die quälende Vorstellung von der Tragödie des jungen Paares jede Freude an den herrlichen Blumen verdarb. Auch als ich ein paar Tage später das kunstvolle Gebinde auseinanderpflückte, also die roten Gerbera und die Teerosen in verschiedene Vasen steckte und den Stengel weißer Orchideen mit Hilfe eines Reagenzglases an die Wand hängte, trieb meine Phantasie depressive Blüten. Die Braut und der Bräutigam erschienen abwechselnd als Opfer gräßlicher Verkehrsunfälle vor meinem geistigen Auge und raubten mir die Ruhe am Tag und den Schlaf in der Nacht. Gezeichnet von solcherart seelischer Strapaze, die nur ein herzloses Ungeheuer nicht nachempfinden kann, saß ich eine Woche später wieder in der S-Bahn. Auf der Bank gegenüber nahmen zwei bildhübsche junge Mädchen Platz.

„Ich hab gehört", sagte die eine, „du hast vorigen Dienstag nun endlich deinen Martin geheiratet. War's 'ne schöne Hochzeit?"

Die andere verdrehte die Augen, als müsse sie von einer abscheulichen Zahnextraktion berichten. „Wenn ich daran denke", sagte sie, „läuft mir heute noch die Galle über. Stell dir vor, Martin hatte mir einen Brautstrauß bestellt und auch gleich bezahlt: dunkelrote Gerbera, Teerosen und einen Stengel weiße Orchidee, das teuerste Bukett der Welt. Und dann hat sich der Affe am Polterabend so vollaufen lassen, daß ihm am Hochzeitstag partout nicht mehr eingefallen ist, in welchem Blumenladen das war!"

1978

Frauen im Film

Es hat mich langjährige Studien gekostet, aber nun weiß ich es genau: Frauen im Film sind ganz anders als Frauen im Leben. Dabei meine ich nicht nur die Luxus-Dame, die ja in Filmen (auch in unseren) weit häufiger vorkommt als im Leben (nicht nur in unserem). Eine solche hat natürlich das Recht, morgens mit frisch frisiertem, für alle Wetter – also auch für nächtliche Stürme – gespraytem Haar zu erwachen, durch raschen Blick in den güldenen Handspiegel festzustellen, daß Make-up, Lidschatten und Lippenrot noch an Ort und Stelle sind, die Rüschen der sündteuren Klarsichtverpackung zu ordnen und des Tabletts mit dem Frühstück zu harren. Letzteres wird meistens von einem gut rasierten Dreßmann serviert, welcher der Luxus-Dame nahesteht beziehungsweise gelegen hat. Doch schon an dieser Stelle darf man getrost stutzen. Er, also der Mann im Film, war bereits im Bad. Und dies, wie ich hoffen möchte, nicht nur zum Zwecke der Rasur. Die Frau hingegen muß seinen leidenschaftlichen Morgenkuß mit ungeputzten Zähnen entgegennehmen. Noch mehr beunruhigt mich die Tatsache, wie sie eine Tasse Kaffee nach der anderen in sich hineingießen kann, ohne auch nur im geringsten nervös zu werden. Denn wie groß auch immer der Unterschied zwischen einer Luxus-Dame und einer normalen Frau sein mag, dem Stoffwechsel unterliegen beide.

Aber verlassen wir das typische Bett der filmischen Traumfabrikation, das offenbar seine eigenen Gesetze und Verkehrsregeln hat. Betrachten wir das Leben und Treiben der Frau im Alltag, welches im realistischen Film dem realen Leben zumindest ähnlich sein will. Daß frühmorgendliches Kindergeschrei, Hektik, überfüllte Bahnen und schon vor Schichtbeginn erschöpfte Frauen nicht oder so gut wie nie vorkommen, ist völlig in Ordnung. Erstens lehnen wir platten Naturalismus ab, und zweitens soll die Kunst optimistisch stimmen. Aber wenn's dann auf den Feierabend geht, die Familie in Eintracht wieder beisammen ist und die Frau sich endlich ihren häuslichen Pflichten widmen darf, dann achten Sie doch bitte mal auf ein winziges Detail: Wie hängt die Frau im Film Wäsche auf!

Ich habe in meinem Leben etliche tausend Filme aus aller Herren Länder gesehen, und in mindestens tausend davon hängten Frauen Wäsche auf, und keine, aber wirklich keine einzige war dieser simplen Verrichtung gewachsen. Gut, von solchen Diven wie Elizabeth Taylor oder Sophia Loren kann man es nicht erwarten, weder sie noch ihr jeweiliger Regisseur haben im Leben je dergleichen tun müssen. Aber auch richtige Volksschauspielerinnen wie Anna Magnani oder Lidija Fedossejewa-Schukschina versagten. Selbst Laien-Schauspielerinnen, Frauen aus dem Volk, wie man sie häufig in den Werken der italienischen Neorealisten antrifft, sind vor der Kamera nicht imstande, ein Wäschestück ordentlich auf die Leine zu bugsieren. Da hängen die Laken und Bettbezüge schief und zipfelig, Oberhemden werden mitleidlos am Kragen angezwickt, und Kleider kriegen unauslöschliche Klammernarben verpaßt. Man möchte dem Frevel Einhalt gebieten, der Ungeschickten die nassen Plünnen um die Ohren hauen und die Sache am liebsten selbst in die Hand nehmen. Denn jede normale Frau weiß, wie teuer einen solche Liederlichkeit danach zu stehen kommt.

Aber Film-Stoff scheint eben von besonderer Art zu sein. Offenbar läßt sich hier doch manches leichter ausbügeln als im Leben.

1979

Laßt Blumen sprechen

Engelbert Brückner hat in unserem Kietz etwa den Bekanntheitsgrad eines bunten Hundes. Vor grauen Zeiten wurde er in demselben Haus geboren, in dem er auch heute noch wohnt, und von Anfang an interessierte er sich für nichts so brennend wie für andere Leute und ihre Probleme.

Konkret gesprochen: Engelbert war und ist ein großer Einmischer. Wo Schwierigkeiten auftreten, tritt nach kurzer Zeit auch Engelbert auf. Zuerst erhebt er ein großes Geschrei gegen diejenigen, denen der jeweilige Ärger seiner Ansicht nach zu verdanken ist, aber dann packt er auch schon zu. Engelbert ist also nicht nur mit dem sprichwörtlichen hauptstädtischen Sprechorgan ausgestattet, sondern auch mit tatbereiten Händen.

So einer kann einem ganz schön auf die Nerven gehen.

Wenn man es zum Beispiel am Sonntagmorgen im Bett gerade so richtig nett hat und daraufhin beschließt, erst mittags zu frühstücken, läutet es unter Garantie Sturm an der Gartentür. Es nützt weder, sich die Ohren zu verstopfen noch die Klingel abzustellen, denn draußen steht ja Engelbert. Und der gibt keine Ruhe, nötigenfalls schmeißt er sogar Steinchen ins Schlafzimmerfenster. Sodann erfährt man, daß heute Entrümpelungstag ist oder daß unbedingt der Zaun frisch gestrichen werden muß, weil wir sonst als lie-

134

derlichster Wohnbereich gelten könnten, oder es handelt sich um ein unaufschiebbares Kadergespräch über Kindererziehung. Engelbert kümmert sich mit renitenter Beharrlichkeit um alles und bringt seine Pappenheimer auf Trab.

Eigentlich sind wir ganz froh, daß es so einen wie Engelbert gibt. Er verkörpert gewissermaßen unser schlechtes Gewissen und leitet uns mit harter, aber gerechter Vaterhand. Nur mit dem jungen Dobberphul kommt er nicht zu Rande.

Dobberphul ist Student, 20 Jahre alt und Untermieter bei der Witwe Grasnick, Engelberts langjähriger Haus- und Gartennachbarin. Der junge Mann war Engelbert von Anfang an ein Dorn im Auge. Dabei läßt sich überhaupt nichts gegen ihn vorbringen. Er zahlt pünktlich die Miete, holt der Witwe die Kohlen aus dem Keller und stellt seine Stereoanlage auf Zimmerlautstärke. Im übrigen verhält er sich unauffällig und still.

Und genau das ist es, was Engelbert nicht paßt. Er weiß einfach nichts über den Burschen. Der entzieht sich jedem Gespräch unter Hinweis auf sein anstrengendes Studium, das ihm nicht einmal Zeit für ein Bier in der „Schmedding-Klause" läßt. Ist dies etwa typisch für die heutige Jugend? Engelberts Mißtrauen nimmt gigantische Formen an. Am Ende ist der Knabe auch noch ein politischer Blindgänger, der sich einen Studienplatz erschlichen hat! Der Verdacht wird für Engelbert zur Gewißheit, als sich der junge Dobberphul weigert, an der Aktion zur Verschönerung der Hecken und Parkanlagen teilzunehmen.

Angeblich muß er sich gerade an diesem Wochenende auf eine wichtige Prüfung vorbereiten.

Wir anderen versuchen Engelbert klarzumachen, daß er es mit seiner Voreingenommenheit vielleicht doch ein bißchen zu arg treibt. Die Menschen sind eben verschieden, nicht jeder trägt das Herz auf der Zunge, und die erste Pflicht eines Studenten ist es nun einmal, ordentlich zu studieren. Engelbert brummt, wir sollen ihn mit unserer Psychologie verschonen, er hat auch studiert, und zwar das Leben, und deshalb glaubt er nur, was er sieht. Punktum.

Und dann, eines schönen Maisonntagmorgens, passiert das große Wunder. Engelbert sitzt im Vereinslokal der „Schmedding-Klause" an einem langen Tisch hinter der Wahlurne und macht ein Gesicht wie ein kleines Kind, dem der erste Weihnachtsmann erschienen ist. Nachdem ich von meinem verfassungsmäßig verbrieften Recht Gebrauch gemacht habe, flüstert mir Engelbert zu: „Du hattest recht! Ihr alle hattet recht, ich bin ein alter, engstirniger Esel. Was glaubst du, wer heute früh um sieben als allererster Wähler vor mir stand? Der junge Dobberphul! Sag mir noch einer was gegen die heutige Jugend. Und wie der sich über den großen Nelkenstrauß gefreut hat, das kannst du dir gar nicht vorstellen!"

Ich kann es mir vorstellen. Zufällig bin ich nämlich tags zuvor auch im Blumenladen gewesen, als der junge Dobberphul mit Engelszungen um ein Blumengebinde flehte. Er vertraute der Verkäuferin sogar an, daß es sich um den Antrittsbesuch bei seinen künftigen Schwiegereltern handele, und ob sie ihn allen Ernstes mit einem Kaktus dorthin schicken wolle.

Ich glaube, wenn unser Engelbert gerade im Laden gewesen wäre, hätte er dem verzweifelten jungen Mann den gleichen guten Rat gegeben wie ich.

1979

Die schwarze Witwe

Es war einer jener Versammlungsabende, wo man mit Müh und Not den rettenden Hafen des Stammlokals erreicht und nur noch ein Wort aussprechen kann: Bier!

Hier saßen wir beisammen und stierten stur ins Blaugerauchte. Als die Intensität des Schweigens allzu fatal an die gerade überstandene Diskussion erinnerte, fragte Kutte: „Machtn eigentlich olle Zahni? Ewig nich gesehn, Emmel."

„Den gibt's nich mehr", sagte Bodo, „kannste vergessen."

Kutte verschluckte sich. „Isser dot?" Bodo zuckte die Achseln. „Weiß nich. Vielleicht. Vielleicht nich. Für mich isser dot. Schon ewig."

„Du spinnst", sagte Jochen, „neulich erst stand er inner Zeitung. Aber nich als Leiche, sondern als Vorsitzender vom Verein der Äquilibristen oder wie das heißt."

„Aquarianer, du Ochse", verbesserte Bodo. Bodo ist naturwissenschaftlich unheimlich gebildet, deshalb mimt er beim Kurzfilmen als Assi.

„Denn eben Aquarianer", räumte Jochen ein. „Der hatte ja schon immer nischt wie Kriechtiere im Kopp, olle Zahni. Aber wenn er noch in seinem Verein is, kann er ja schlecht dot sein."

„Für mich isser dot", beharrte Bodo, „seit der Schote mit der schwarzen Witwe."

Durch unsere Reihen ging ein Ruck. Man spürte, wie das Leben in die leeren Köpfe zurückkehrte. „Nu red schon", verlangte Kutte, „was war mit der schwarzen Witwe? Kenn ich die?"

Bodo verzog mokant lächelnd eine Schnurrbartspitze. „Wer spricht hier von Weibern? Wie schon gesagt: Kriechtiere. Es war wegen den Affen."

„Es heißt ‚wegen der Affen'", verbesserte ich, „und das sind keine Kriechtiere, sondern Säugetiere. Muß man beim Film so blöd sein?"

„Kamel", erwiderte Bodo gutmütig. „Also, mit Zahnis Affen war das so gewesen: Er hatte sie schon, als es im Konsum nur zu Weihnachten Bananen gab. Affen stehen aber das ganze Jahr auf Bananen. Deshalb bekam Zahni vom Magistrat 'ne Bescheinigung, daß er sich jede Woche sechs Bananen vom Südfrüchtelager am Alex abholen kann."

Unser geiziger Werner schüttelte verständnislos den Kopf, „Mangelware ans Vieh verfüttern – da müßte ja mein Herz ein Affe sein!"

Bodo überhörte den unwissenschaftlichen Einwand. „Zahni war aber nich nur auf die Bananen scharf, sondern auch auf das ganze exotische Tierzeug, was mang die Südfrüchte immer so in den Kisten rumkrabbelt. So was läßt sich bei der Ernte in tropischen Ländern nu mal nich vermeiden. Kein normaler Mensch fäßt sone Dinger auch nur mit der Feuerzange an, aber Zahni gab noch Geld und gute Worte fürn besonders haarigen Wurm oder andere Skorpione. In manche war er regelrecht verknallt, der Idiot."

„Und das hast du eigenhändig gesehen?" zweifelte Kutte.

„Aber jewiß doch", bestätigte Bodo. „Wir haben doch damals diesen Film gemacht über die Rudelbildung der Warane, da war Zahni unser Fachberater und Texter für den Sprecherkommentar. Also mußte ich dauernd hin zu ihm, um die fertigen Manuskriptseiten abzuholen. Aber die Zusammenarbeit wurde schleppend, nachdem sich olle Zahni die schwarze Witwe aus dem Südfrüchtelager geangelt hatte. In einem Bonbonglas hat er ein tropisches Nest eingerichtet, mit Moos und Steinchen und einem Zweig in der Mitte, damit sie es so gemütlich wie zu Hause im Urwald haben sollte. Der hat sich so besengt aufgeführt, als hätt' er 'ne Schönheitskönigin in der Tombola gewonnen. Dabei kannste bei soner schwarzen Witwe überhaupt nicht von Formen oder dergleichen reden. Sie ist nämlich nich größer als zehn Millimeter, heißt unter uns Lateinern Latrodectus lugubris und gehört zu der gefährlichsten Art der Kugelspinnen. Ihr Gift wirkt hämolytisch und lähmend auf das Zentralnervensystem des Menschen."

„Wassen", fragte Jochen entsetzt, „da biste gelähmt und hast außerdem noch Hämorrhoiden?"

Bodo stöhnte. „Mit so was muß ein gebildeter Mensch nud Bier trinken! Noch nischt von Hämotologie gehört? Hat mit Blut zu tun, du Hirni, und das is bekanntlich rot. Aber nur, solange du nicht hämolytisch bist. Sonst isses lackfarben."

„Na und", sagte Jochen, „biste eben mein Lackbruder".

„Wenn dich die schwarze Witwe gebissen hat, kennste überhaupt keene Verwandten mehr. Jedenfalls isses eines Nachts passiert."

Mir blieb das Herz stehen. „Die schwarze Witwe hat Zahni gebissen?"

„Nich doch", winkte Bodo ab. „In dem ewig feuchten Moos fing der Zweig zu treiben an, und dadurch hat sich der Deckel vom Bonbonglas ein bißchen angehoben. Wie ich am nächsten Morgen komme, um die letzten Waran-Seiten einzuklagen, kraucht Zahni auf allen vieren durch seine Wohnung und stößt schauerliche Lockrufe aus. Die schwarze Witwe war ausgebrochen!"

„Und", fragte Kutte atemlos, „hat er sie wiedergefunden?"

„Hast du schon mal 'ne Stecknadel im Heuhaufen entdeckt? Ich bin jedenfalls um mein Leben gerannt. Im Studio wurde eingeschätzt, daß die Relevanz der Warane eigentlich nich von besonders gewaltiger Bedeutung is. Kurzum, das Projekt kam aussem Plan und Zahni auf die schwarze Liste. Als Paria gewissermaßen, unantastbare Person mit Sicherheitsabstand. Er hat dann noch ein paarmal angerufen und Stein und Bein geschworen, die schwarze Witwe wäre in die Heizung gekrochen und dort jämmerlich verdorrt, aber beweisen konnte er's nicht. Seine Briefe haben wir ungeöffnet zurückgeschickt. Ich meine, son winziges Biest kann sich ja überall verstecken, und was weiß denn unsereiner, wie langlebig und zäh giftige Witwen sind."

Wir sahen einander starr an. Jochen schob sein halbvolles Bierglas von sich und rutschte unauffällig aus Bodos Dunstkreis. „Ja", sagte er gedehnt, „das weiß unsereiner ja nu wirklich nich."

„Ich weiß nur", fügte Kutte eilig hinzu, „daß meine Frau heute abend Kartoffelpuffer macht, und bei kalten Puffern krieg ich das Rennen."

Der geizige Werner drückte dem Kellner zwanzig Mark in die Hand und verzichtete auf das Wechselgeld. Mir fiel ein, daß ich keinesfalls die Spätnachrichten der Aktuellen Kamera verpassen wollte.

Während wir wie von Furien gehetzt aus der Kneipe stürzten, hockte Bodo verzweifelt und total vereinsamt am Tisch. Er sah aus wie gelähmt. Sein Gesicht war blutleer. Man hätte es geradezu als lackfarben bezeichnen können.

1980

Toleranzschwelle

Als Dr. rer. nat. Isolde und Dr. Ing.-Ök. Herbert Kobermann im nicht mehr ganz zarten Alter von je 35 Jahren den Bund fürs Leben amtlich besiegeln ließen, waren sie sich ihrer Sache völlig sicher. Sie hatten nicht nur ihr jeweiliges Fachgebiet, sondern auch das Leben gründlich studiert und dabei unwiderlegbar ermittelt, was so viele Ehen zum Scheitern verurteilt: Intoleranz, Rücksichtslosigkeit und Heimlichtuerei. Gründliche Selbstanalysen und die gemeinsame Auswertung derselben brachten die Kobermanns zu der Erkenntnis, daß derlei fehlerhaftes Verhalten unter intelligenten Menschen durchaus vermeidbar sei. Natürlich schlossen sie nicht aus, daß ihnen eines Tages die Grundlage ihrer Beziehungen abhanden kommen könne, denn nichts, soviel wußten sie vom Genossen Engels, ist wandelbarer als das menschliche Gefühl. Sollte ihnen dergleichen wirklich einmal zustoßen, so wollte man ungeachtet des zu erwartenden Schmerzes ehrlich und rückhaltlos darüber reden und die unausweichlichen Konsequenzen ziehen. Dies war die Variante für den Ernstfall, an den beide jedoch nicht ernsthaft glaubten.

Im übrigen waren sich Kobermanns darüber einig, daß der Bestand ihrer Zweiheit im wesentlichen durch die Respektierung der einzelnen Persönlichkeit sowie die Tolerierung ihrer Marotten und Eigenheiten garantiert sei. Herr Dr. Kobermann zum Beispiel war ein

Toleranzschwelle

sporadischer Fernsehfanatiker. Er bevorzugte jedoch jene Art keimfreier Unterhaltungssendungen, die seiner Frau Schauer des intellektuellen Entsetzens über den Rücken jagte. Als Zeichen ihrer Toleranz hatte Frau Dr. Kobermann ein Exemplar kostbarer Kopfhörer erworben, die sich Herr Dr. Kobermann rücksichtsvoll über die Ohren stülpte, sobald seine Favoriten auf dem Bildschirm erschienen. In solchen Fällen deutete Frau Dr. Kobermann durch schlichte Kehrtwendung an, was sie von der Adlershofer Spaßvogelschar hielt.

Auf diese Weise verlief ihre Ehe nun schon im zweiten Jahr außerordentlich harmonisch. Auch an jenem Sonntagabend war alles in bester Ordnung, wenn man davon absah, daß Frau Dr. Kobermann schon den ganzen Tag über von heftigen Kopfschmerzen geplagt wurde. Nach dem Abendessen legte sie sich deshalb gleich ins Bett, während ihr Mann seinem Lieblingsquizmeister beim Schätzen half. Frau Dr. Kobermann versuchte wie allabendlich noch ein bißchen zu lesen, konnte sich aber wegen der Kopfschmerzen nur schwer konzentrieren. Also beschloß sie, dem Übel mit einem starken Medikament beizukommen. Die Tablette wirkte nicht nur schmerzstillend, sondern nahezu betäubend. Kurz vor dem Hinüberduseln verspürte Frau Dr. Kobermann ein kleines menschliches Bedürfnis. Sie erhob sich leicht schwankend aus dem Bett und huschte, wie immer nur mit dem Oberteil eines minikurzen Flatterhemdchens bekleidet, auf den Korridor. Dort öffnete sie die Badezimmertür, ließ sie hinter sich ins Schloß fallen und merkte sogleich, wie – besonders von unten her – eisiger Schrecken sie anfiel.

Dennoch bedurfte es einiger Minuten, bis ihr pharmazeutisch gedoptes Großhirn eine schaurige

Mitteilung signalisierte. Sie stand nämlich nicht auf der kuschelweichen Matte ihres gemütlich-warmen Badezimmers, sondern auf dem bürstenharten Abtreter vor ihrer Wohnungstür. Und diese ließ sich ohne Schlüssel von außen nicht öffnen.

Frau Dr. Kobermann schloß die Augen in der Hoffnung, sie werde jeden Augenblick aus einem der üblichen Unten-ohne-Alpträume erwachen. Aber ein kühles Lüftchen aus dem zugigen Treppenhaus brachte sie brutal auf den Boden der nackten Tatsachen zurück. Von Angst und Kälte geschüttelt begann sie, mit der einen Hand Sturm zu läuten und mit der anderen gegen die Tür zu wummern. Doch in der Wohnung blieb es absolut still. Ihr wurde klar, daß kein Lärmen und kein Toben, ja nicht einmal ein Todesschrei die hermetisch verschlossenen, allein den Televisionswitzbolden zugewandten Ohren ihres Gatten erreichen würde.

Ehe sie sich noch des ganzen Ausmaßes der Katastrophe bewußt wurde, hörte sie Stimmen vom Hauseingang. Sie identifizierte sie als die der Familie Schmidt, welche die Wohnung über der ihrigen bewohnte. Schamvolle Angst vor der Entdeckung gab ihr die Kraft, auf bloßen Sohlen treppauf zu hasten, wo sie vor der ebenfalls verschlossenen Bodentür abwartete, bis Schmidts in ihrer Wohnung verschwunden waren. Dann schlich sie zurück und begehrte erneut, wenn auch mit der gleichen Aussichtslosigkeit, Einlaß.

Langsam wich die Angst dem Zorn, der sich von Minute zu Minute steigerte. Was nützt alle eheliche Toleranz, wenn sie so grauenhafte Folgen zeitigte? Wieso mußte ihr Mann überhaupt seinem Vergnügen nachgehen, wenn sie schmerzgebeutelt im Bett lag? Offenbar verspürte er nicht einmal das Bedürfnis, nach ihr zu sehen, sonst hätte er ihre Abwesenheit bemerken und sich einen Reim darauf machen müssen. Jedenfalls könnte er dann ihre verzweifelten Schreie hören, die sie mittlerweile fast unbewußt durch die Türfüllung stieß. Sie ging so weit, nicht nur ihren Mann, sondern auch seinen Lieblingsquizmeister und gar den obersten Chef des Fernsehens zu verfluchen.

Als ihr vorübergehend die Puste wegblieb, hörte sie zwei Treppen höher einen Mann sagen: „War das nicht eben die nette Frau Dr. Kobermann?"

„Du hast wohl Bohnen in den Ohren", antwortete eine keifende Frauenstimme, „Frau Dr. Kobermann hat einen Gatten, der sie auf Händen trägt, ganz im Gegensatz zu gewissen Leuten!"

„Na, ich geh vorsichtshalber mal nachsehen", sagte der Mann.

Es handelte sich um den stadtbekannten Schauspieler und Schürzenjäger Alfons Bamsdorff, vor dem Frau Dr. Kobermann nunmehr treppab bis in den Keller flüchtete. Als die Luft rein war, trippelte sie halb entseelt und steif vor Kälte wieder nach oben. Da sie schon kein Gefühl mehr in den Händen hatte, lehnte sie sich mit dem Rücken gegen den Klingelknopf. Aber ihrer Schätzung nach mußte die Sendung noch mindestens eine Stunde dauern. Nachdem ihr diese Ungeheuerlichkeit ganz bewußt geworden war, sank sie verzweifelt auf dem kratzbürstigen Abtreter in sich zusammen, zog ihr winziges Flatterhemdchen schützend wenigstens über die vordere Blöße und erwartete in fatalistischer Ergebenheit den Tod oder ein überirdisches Wunder. Doch da sich diese Geschichte nicht in mystischen Regionen, sondern im realen sozialistischen Alltag zugetragen hat, erschien der armen Frau Dr. Kobermann weder Gevatter Hein noch ein reitender Bote des Königs, sondern Herr Gisbert Keyserling, zweiter Flötist des Städtischen Sinfonieorchesters, umschwärmter Junggeselle und Kobermanns unmittelbarer Nachbar. Er sah sofort, daß hier ein außergewöhnlicher Notfall seinen Einsatz forderte, weshalb er die hilflose weibliche Person erst einmal behutsam in seine Wohnung trug. Frau Dr. Kobermann war ihrem sympathischen Retter so dankbar, wie eine Frau einem Mann nur sein kann.

Fünf Minuten vor dem Ende der Quizsendung baute Gisbert Keyserling das Kobermannsche Türschloß aus und entließ seine nunmehr ausreichend erwärmte und auch nervlich wieder regenerierte Nachbarin ins heimische Ehebett. Ihre Kopfschmerzen waren wie weggeblasen.

Als Herr Dr. Kobermann kurze Zeit später ins Schlafzimmer kam, stand er noch ganz unter dem Eindruck der Sendung, die ihm heute besonders gut gefallen hatte. „Schade, mein Schatz, daß du so gar keinen Spaß an diesen anregenden Spielereien hast", sagte er aufgeräumt, „aber es war ja ausgemacht, daß jeder nach seiner Fasson selig werden darf, ohne den anderen damit zu behelligen."

„Genau, mein Liebling", sagte Frau Dr. Kobermann lächelnd, „und deshalb freue ich mich auch schon so sehr auf deinen nächsten schönen Fernsehabend."

1980

Der große Auftritt

Das Künstlerehepaar, in Annoncenleserkreisen bestens bekannt, hatte wieder einmal um Hilfe aus Kreisen der nichtberufstätigen weiblichen Bevölkerung ersucht. Die elfte Hausangestellte war, wie schon ihre zehn Vorgängerinnen, hysterisch kreischend und Porzellan zerschmeißend davongelaufen. Der bedeutende Regisseur und Heldenspieler Eckehard Mager-Bewershoff begab sich sofort in privatärztliche stationäre Behandlung, weil er sich der jeweils folgenden Haushaltsauflösung einfach nicht gewachsen fühlte. Außerdem marterte ihn der Gedanke, daß auch diese aus dem Arbeitsverhältnis geflohene Dame mit Sicherheit über die internen Angelegenheiten der Künstlerfamilie schwatzen würde.

Eckehard Mager-Bewershoff schob nicht ohne Grund seiner Frau die Hauptschuld an der dauerhaften Fluktuation unter den dienstbaren Hausgeistern zu. Die bemerkenswert unbedeutende und deshalb auch nur selten im Fach der komischen Alten einsetzbare Schauspielerin Warwara Becherowka – ein Pseudonym, von dessen slawophilem Klang sich die vormalige Bärbel Becher viel versprochen hatte – legte ein seltenes Talent an den Tag, immer die falschen Hausangestellten zu engagieren. Entweder waren sie zu alt oder entschieden zu jung.

In Wahrheit verhielt es sich so, daß Mager-Bewershoff alte Frauen einfach nicht um sich ertragen konnte, während er den jungen und möglichst noch jüngeren in eindeutiger Weise gewogen war. Das erzeugte natürlich ständige Spannungen, die besonders von den Künstlersprößlingen Ottilie (12) und Igor (8) weidlich ausgenutzt wurden. Die beiden verzogenen Satansbraten wußten ganz genau, daß sie mit ihrem ruppigen Benehmen gegenüber der jeweiligen Hausangestellten auf Verständnis bei jeweils einem Elternteil rechnen konnten.

Nun also war die vertraute Annonce „Künstlerehep. m. Hochhs.Komfortwhg. su. zuverl., selbstst. arb. Hausangestl., eig. Zi. m. TV-Ger. vorh." zum zwölften Mal in der Zeitung erschienen. Da erstmals „schriftl. Bewerb. m. Ganzfoto (gar. zur.)" erbeten war, hoffte Warwara Becherowka, diesmal auf Anhieb eine kluge Entscheidung treffen zu können. Eile schien geboten, denn sie wußte ihren Mann nicht gern für längere Zeit als Logier-Gast in der Nervenklinik, die als Brutstätte des Alkoholismus galt.

Es kamen siebzehn Angebote. Nach gründlicher Sondierung entschied sich Warwara für eine 42jährige kinderlose Witwe mit graumeliertem Haar und strenger Nickelbrille. Ihr Antrittsbesuch bestätigte den ersten guten Eindruck: Frau Müller wirkte kerngesund, fleißig und flink und hatte, mit Ausnahme vielleicht ihres verblichenen Gatten, gewiß noch nie einen Mann auf erotische Gedanken gebracht.

Im ersten Kadergespräch betonte Frau Becherowka, daß es sich um eine Vertrauensstellung handle, denn ein Künstlerhaushalt sei nun mal etwas Besonderes, nicht mit bürgerlichen oder gar proletarischen Maßstäben zu messen. Natürlich sei man dem Sozialismus im allgemeinen und dem sozialistischen Realismus im Beruflichen verpflichtet, aber derlei müsse ja nicht unbedingt an die große Glocke gehängt werden. Kurz gesagt: Was im Künstlerhaushalt Mager-Bewershoff-Becherowka geredet werde, sei für die Öffentlichkeit tabu. Bei aller Volkstümlichkeit verbleibe der Künstler doch immer ein wenig im Bereich der Exklusivität. Allerweltsvorstellungen von Moral und Sitte seien auf ihn nun einmal nicht anwendbar. Wenn sich Frau Müller danach richte und darüber hinaus die sechs Zimmer sauberhalte, den Einkauf und das bißchen Plättwäsche erledige, gelegentlich etwas Gutes koche und ein wachsames Auge auf die Hausaufgaben der Kinder habe, werde man gewiß gut miteinander auskommen. Leider könne sie, Warwara Becherowka, nicht oft einspringen, da ihre künstlerischen Verpflichtungen sie voll in Anspruch nähmen.

Frau Müller zeigte sich vor allem von der Höhe des Stundenlohnes beeindruckt. In ihrem erlernten Beruf als Buchhalterin hatte sie mit solchen Summen nur theoretisch zu tun gehabt. Im übrigen interessierte sie das Gewäsch der Künstlerin Becherowka, von deren Existenz sie bisher nie gehört hatte, nicht im mindesten. Sie war ein Mensch, der jeden nach seiner Fasson selig werden ließ. Die mißratenen Kinder waren ihr auf Anhieb so unsympathisch, daß sie ihnen ohne jede mütterliche Emotion und mit unangreifbarer Sachlichkeit begegnete. Der aus der Nervenklinik heimgekehrte Maestro empfand die neue Kraft zwar als ein kaum anregendes Neutrum, mußte aber ihre Tüchtigkeit und vor allem ihr zurückhaltendes Wesen anerkennen.

Natürlich blieb das Verhältnis auf die Dauer nicht ungetrübt. Die häufigen Kräche zwischen dem Künstlerehepaar konnten Frau Müller in der hellhörigen Hochhauswohnung einfach nicht verborgen bleiben. Warwara Becherowka machte ihrem Mann gewaltige Szenen nicht nur wegen seiner zahllosen Liebschaften, sondern vor allem, weil er seine Angetraute in seinen

Inszenierungen nicht besetzte. Die von ihm bevorzugten Aktricen waren für sie durch die Bank intrigante, vom Ehrgeiz zerfressene Knattermiminnen, die sich ihre Engagements ausschließlich erschlafen hatten. Worauf der Gescholtene konterte, sie sei von geradezu monströser Talentlosigkeit, eine Fehlbesetzung in jeder Beziehung. In solchen Momenten wurde die in der Küche hantierende Frau Müller oft als Zeugin angerufen, war aber klug genug, sich aus dem Gerangel der psychopathischen Kampfhähne herauszuhalten. Das hatte nun wieder zur Folge, daß sie von beiden als eine indifferente, opportunistische Person beschimpft wurde, die es eigentlich gar nicht verdient habe, im Dunstkreis bedeutender Künstler zu leben.

Eines Abends, als die Stimmung wieder einmal auf dem Siedepunkt angelangt war, teilte Frau Müller kühl mit, sie verlasse jetzt das Haus, um zwei ruhige Stunden im Kino zu verbringen. Eckehard Mager-Bewershoff beglückwünschte sie mit mephistophelischem Gelächter zu diesem Entschluß, denn jedes noch so mißlungene Leinwandstück verfüge zumindest über eine bessere Hauptdarstellerin als sein persönliches Heim-Kino. Noch ehe Warwara Becherowka zu einer keineswegs druckreifen Erwiderung ansetzen konnte, war Frau Müller schon verschwunden.

Im Foyer des Hochhauses hatten sich Dutzende Menschen versammelt, und immer mehr kamen hinzu. Die unauffällige Frau Müller bahnte sich lächelnd einen Weg durch die Massen und schlenderte in Richtung Kino. Während sie in der beruhigenden Stille des Parketts wohlig ihre Glieder dehnte, genoß sie den Gedanken, soeben einen Star geboren zu haben. Just in diesem Moment entzückte die Schmierenkomödiantin Warwara Becherowka, assistiert vom berühmten Ekkehard Mager-Bewershoff, ein volles Haus mit einem

Schauerdrama, um welches Meister Striese sie benei-
det hätte. Frau Müller hatte nämlich beim Verlassen
der Wohnung ganz unauffällig einen Leukoplaststrei-
fen über die Sprechtaste der Wechselsprechanlage ge-
klebt.

1980

Kultureller Gipfelsturm

Verwandte haben wir nahezu überall auf der Erde, wenn auch nicht direkt in Übersee oder im benachbarten deutschsprachigen Ausland. Im ehemaligen Königreich Sachsen jedoch und in der kleinen zänkischen Gebirgsrepublik Suhl siedeln sie rudelweise.

Verwandte kann man sich bekanntlich nicht aussuchen. Aber man muß sie ja nicht unbedingt kennen, besonders dann nicht, wenn man sie kennt. Bei meiner Tante Leni aus Bobelitzsch geht das allerdings nicht. Sie ist eine militante Sächsin und würde hauptstädtische Ignoranz sofort als Politikum bewerten. Außerdem hält ihr einziger Sohn, also mein Vetter Fritz, ein individuelles Hausschwein und veranstaltet jeden Herbst ein Schlachtefest. Er gibt auch ab, ist folglich ein sympathischer Mensch, mit dem manch einer gern verwandt wäre, der nicht gern in Delikatläden Schlange steht.

Die Einladung nach Bobelitzsch stieß unsererseits auf offene Ohren an erfreuten Gesichtern. Also machten wir uns auf die Reise in den sonnigen Süden, nicht ohne vorher das Auto mit großen Mengen Kuko-Reis, H-Milch, Tempotaschentüchern und anderen Delikatessen beladen zu haben.

Tante Leni, Vetter Fritz, seine dralle Gattin Reni sowie beider pickliger Sohn Maiki standen zu unserem Empfang Spalier. Nach den ersten Jubelrufen und im Dreierrhythmus verabfolgten Bruderküssen deuteten alle vier mit großer Gebärde auf ihr Anwesen.

„Zuerscht mißt ihr's Häusel von haußen beguggen"; befahl Vetter Fritz.

In den drei Jahren, die wir seit Onkel Augusts Beerdigung nicht dagewesen waren, hatten sie aus der alten Kate ein stolzes Zweifamilienhaus gezaubert. „Was willsde machn offn Lande", sagte Vetter Fritz, „der Daach is lang, Abwäggselung hasde geene, awwer baun duhn alle. Also bausde ooch. Euereiner had so was ja ni needch, bei den Gomfor un zurigg in der Haubtschtadt der Dädäärr!"

Wir versicherten, daß solcher Wohnluxus, noch dazu im Grünen, für uns ebenso unvorstellbar wie unerreichbar sei, aber Tante Leni erklärte kategorisch, hier ginge es nur um Charaktereigenschaften wie Moral, Fleiß und Disziplin, die zwar in Bobelitzsch, nicht aber im Sumpf der Großstadt gedeihen könnten.

Zu Mittag wurde ein Festmahl serviert, bestehend aus Thüringer Klößen mit Sauerbraten sowie First-Class-Mokka mit Rahmkuchen. Ehe wir unser Wohlbehagen artikulieren konnten, sagte Cousine Reni: „Ihr seid nadierlich andere Luggullidäden gewehnt. Im Dädäärr-Schtimme-Radscho sachden se an, daß mer bei eich franzesisch un jabanisch essen gann, für rischdsches normales Gäld!"

Vetter Fritz fügte emphatisch hinzu: „Un erscht die Ober un die vielen andern Deader un das Gabaredd! Unsereener guggd ächal bloß in die Reehre un verbleedet bei lebendchen Leibe.

Der picklige Maiki erhob sich und schaltete das Fernsehgerät an. „Schetzt gommd Winnedu", brummte er.

„Nähmdsen ni iebel", entschuldigte ihn sein Vater, „es is schließlich das änzche Vergniechen in seiner Bubberdäd. An große Ginos oder Schwimmhallen und Bolareisflächen is ja bei uns ni zu dänggen."

Wir saßen noch beim Mokka, als mehrere Nachbarsfrauen zu unserer Besichtigung hereinstürmten und sich neidvoll nach den Segnungen haupstädtischen Lebens erkundigten. Zu ausführlichen Antworten kam es allerdings nicht, weil nach dem Ende von „Winnetou" auf einen alternativen Schwank mit Gerd E. Schäfer umgeschaltet werden mußte. Dazu gab es ein kräftiges hausschlachtenes Abendbrot und jede Menge exquisiter Alkoholika. Beim Gutenachtsagen stammelte Vetter Fritz mit schwerer Zunge: „Mähr is äbn an Guldurlähm offn Lande ni drinne, ihr Gosmoboliddn!"

Es verstand sich von selbst, daß wir beim Abschied den dringenden Wunsch äußerten, Tante Leni, Vetter Fritz, Cousine Reni und Neffen Maiki als unsere Gäste in Berlin begrüßen zu dürfen. Wir einigten uns auf die erste Ferienwoche und schieden in einer Atmosphäre des gegenseitigen Vertrauens und der Freundschaft.

Natürlich hatten wir das Treffen, soweit es möglich war, gründlich vorbereitet. Ein Tisch im südostasiatischen Jade-Restaurant war bestellt, Opernkarten waren erstanden und Distel-Karten erflirtet.

Die Verwandten konnten gar nicht genug staunen über die Höhe unseres Hochhauses. Mit uns stieg eine Frau etwa in Tante Lenis Alter in den Fahrstuhl und sagte höflich „Guden Dach". Da wir vor ihr aussteigen mußten, entboten wir ein ebenso höfliches „Auf Wiedersehen". Tante Leni fragte aufgeregt: „Wär wor denn die Tame? Wo issn die här?"

„Keine Ahnung", entgegnete ich, „vielleicht aus dem 16. Stock." Tante Leni war entsetzt darüber, daß wir die Bewohner unseres „Häusels" nicht kannten, zumal es hier sächsische Landsleute zu geben schien.

Nach dem Kaffeetrinken war es Zeit fürs Jade-Restaurant. Die Verwandten fanden alles ungeheuer

„jabanisch", nur mit den Stäbchen kamen sie nicht zurecht. Der von uns um Abhilfe gebetene Kellner erklärte hoheitsvoll, für gewöhnliches Gabelpublikum gebe es ja wohl genügend andere Lokalitäten. Eingeschüchtert schnippste sich Cousine Reni Sojabohnenkeime und Bambussprossen in den Ausschnitt, Tante Leni versuchte, kleine Fleischbrocken mit den Stäbchen zu durchbohren, und nur Maiki griff unter den strafenden Blicken seines Vaters ungeniert zum Vorlegelöffel. Als Vetter Fritz am Schluß kurz auf die Rechnung schielte, verfärbte er sich. „Also – viel mähr hadd den Maigi seine Juchendweihe ooch ni gegosded!"

Tags darauf wollten wir Maiki ins Sport-und Erholungszentrum begleiten, doch als er die kilometerlange Warteschlange sah, brubbelte er: „Das is ja, wie wennse bein Landfilm ‚Flammendes Inferno' spieln." Und überhaupt sei jetzt im Fernsehen „Old Shatterhand".

Zum Essengehen war die Sippe nicht mehr zu überreden, weder ins „Prag" noch ins „Sofia". Das japanische Abenteuer hatte ihren Bedarf an Exotik gedeckt, jetzt wollten sie es deutsch und gemütlich. Ich kochte eine kräftige Kartoffelsuppe mit ungezählten Halberstädter Würstchen, die Vetter Fritz mit ungezählten Berliner Spezial-Pils begoß. Als wir uns für die Oper umziehen wollten, lallte er bereits eigene Arien. Seine Angehörigen wollten ihn in diesem Zustand keinesfalls allein lassen und entschädigten sich kulturell mit dem Mattscheiben-Buffo Heinz Rennhack.

Am nächsten Tag gab es zum Mittagessen Thüringer Klöße mit Gänsebraten. Danach kriegte Tante Leni den Reißverschluß ihres guten Kleides nicht mehr zu, woraufhin auch die Distel-Karten verfielen. Die Verwandten freuten sich, daß sie nun wenigstens nicht auf J. R. und den Breitmaulfrosch Sue Ellen verzichten mußten.

Zwei weitere Tage vergingen im wesentlichen mit Essen, Trinken, der kollektiven Beteiligung an einer Rätselsendung von Stimme der DDR, Essen, Trinken, einem Schwank mit Didi Hallervorden sowie Essen und Trinken. Schließlich waren Kühlschrank und Speisekammer wie leergefegt. Mein Mann und ich starteten einen Großeinkauf.

Als wir erschöpft zurückkamen, saßen Tante Leni, Vetter Fritz, Cousine Reni, Neffe Maiki und die sächsische Landsmännin aus dem 16. Stock gemütlich am Kaffeetisch.

„Also nu habbdr wirglich alles in Bärlin, sogar e Stiggl Heimad", jubelte uns Tante Leni entgegen. „Das hier is nämlich die Frau Lähmann. Ich habse einfach angesprochen, un was sollchdr sachen: Der Vader von ihrn Gusäng sein Schwacher war dazumal mit unsern Oba zusamm'n in Bobelitzsch bei den Ulanen."

1983

Sind unsere Filmschaffenden glücklich?

Unsere Filmschaffenden sind glücklich, auch wenn sie gar keine erkennbaren Gründe dafür haben. Schließlich gibt es nicht nur das große Glück, das sich etwa bei ausverkauften Häusern, lobender Kritik und guten Exportabschlüssen einstellt, sondern auch das kleine des filmischen Alltags. Als der spätere Weimarer Olympier noch der schlichte Prof. Martin Hellberg war, nahm er sich dieser DEFA-internen Thematik mit dem Lichtspiel „Das kleine und das große Glück" an.
Dank gründlicher Recherchen sind wir in der Lage, Ihnen eine Liste von Glücksmotiven aus dem Leben einer Gruppe von gewiß nicht repräsentablen, aber doch repräsentativen Filmschaffenden vorlegen zu können.

1. Regisseure

Regisseure (von Ausnahmen abgesehen) sind glücklich, wenn sie keine Filme drehen müssen. Erstens können sie dann ihr volles Gehalt als Rente beziehen, und zweitens werden sie nicht unnütz von der Arbeit an gutbezahlten Neben-Jobs wie dem Verfassen von Schlagertexten und Romanen oder der Zucht von Nerzen abgehalten. Wenn ihnen dummerweise doch einmal von einem x-beliebigen Dramaturgen das Szenarium eines x-beliebigen Autors zum Zwecke der Verfilmung angeboten wird, dann sind sie glücklich, wenn es nichts taugt, und noch glücklicher, wenn eben dieses Szenarium schon von anderen Regie-Kollegen abgelehnt wurde. In solchen Fällen muß ein Regisseur seine Ablehnung nicht einmal begründen, denn der Umstand, daß man ihn nicht als ersten gefragt hat, erfüllt den Tatbestand der Beleidigung. Sollten Regisseure gelegentlich aus Gründen des Nachweises verbandspolitischer oder gewerkschaftlicher Aktivitäten genötigt sein, sich an sogenannten Zuschauerforen zu beteiligen, so sind sie besonders glücklich über Fragen, welche die Filme ihrer Kollegen betreffen. Auf diese können sie schlechterdings nicht antworten, weil Regisseure die Filme ihrer Kollegen nicht kennen.

2. Szenaristen

Szenaristen (von Ausnahmen abgesehen) sind glücklich, wenn ihr jeweiliges Projekt wenigstens bis zur Zahlung der Ablieferungsrate gedeiht und dann auf ewig in den Ablagekatakomben der Dramaturgie verschwindet. Auf diese Weise entgehen sie öffentlicher Blamage und peinlicher Kritik. Da so ihr guter Ruf nicht beschädigt wird, können sie unverzüglich mit einem neuen Vertragsabschluß rechnen. Besonders glücklich sind auch jene Autoren, die für ein mehrmonatiges Stipendium umfangreiche Materialsammlungen anfertigen, deren Unverwendbarkeit fast immer garantiert ist. Wer es dennoch bis zur ersten Exposé-Rate bringt, hat einen zusätzlichen Glückstreffer erzielt. Die besonders in Hollywood geübte Praxis, bei Versagen eines Autors andere Szenaristen mit der Weiterführung des Stoffes zu beauftragen beziehungsweise gleich ein Team von Autoren zu beschäftigen, gilt bei uns als Mißachtung der einzelnen Szenaristenpersönlichkeit und ist mit Rücksicht auf diese glücklicherweise verpönt.

3. Dramaturgen

Dramaturgen (von Ausnahmen abgesehen) sind glücklich, wenn sie möglichst viele Autoren unter Vertrag haben, die in landschaftlich reizvollen Gegenden der Republik möglichst komfortable Anwesen bewohnen, damit die häufig notwendigen Arbeitsbesprechungen mit einem gewissen Erholungsfaktor für die Dramaturgen verbunden sind. Sodann beglückt es sie, wenn ihre Autoren fleißig schreiben, und zwar eine Exposé-, Treatment- und Szenariumsfassung nach der anderen. Und natürlich immer inspiriert von den helfenden Hinweisen des Dramaturgen, so daß jener zu guter Letzt den glückhaften Eindruck gewinnen kann, es sei ein Stück von ihm. Über alle Maßen glücklich sind Dramaturgen, wenn ihre Autoren während monate-, unter Umständen jahrelanger Schreibphasen nicht ein einziges Mal die lästige Bitte um Hinzuziehung eines Regisseurs äußern. Regisseure stören bei der Erarbeitung eines Szenariums nur, weil sie pragmatisch an die Filmarbeit herangehen und damit die theoretisch fundierten Intentionen der Dramaturgen über den Haufen werfen.

4. Schauspieler

Alle Schauspieler (von keiner Ausnahme abgesehen) sind glücklich über eine Rolle. Am glücklichsten sind sie über eine Rolle mit möglichst vielen Drehtagen. Ihr Glück ist vollkommen, wenn sie am Drehort erfahren, daß infolge höherer Gewalt (zum Beispiel Sonne, Regen, Schnee, Nebel oder keine Sonne, kein Regen,

Sind unsere Filmschaffenden
glücklich?

kein Schnee, kein Nebel, defekte Kamera, Erkrankung von Kleindarstellern oder ähnliches) nicht gedreht werden kann. Solcherart drehfreie Drehtage müssen nämlich voll bezahlt werden.

5. Studioleitung

Da die Studioleitung nur aus einer Handvoll fleißiger und verantwortungsbewußter Männer besteht, handelt es sich ausschließlich um Ausnahmen. Folglich sind sie nur selten glücklich. Gewiß ließen sich drakonische Maßnahmen zugunsten einer allgemeinen Qualitätssteigerung der Filme denken, aber das würde das Gros der Filmschaffenden vermutlich sehr, sehr unglücklich machen. Und die Leitung eines sozialistischen Großbetriebes hat nun einmal in erster Linie für das Glück ihrer Mitarbeiter zu sorgen.

1983

Werte Kollegen Gebrüder Grimm!

Besten Dank für die Einsendung Ihrer Manuskripte an unser Dramaturgie-Lektorat zwecks Prüfung auf mögliche Verfilmbarkeit.

Zunächst einmal würde uns interessieren, warum Sie mit geradezu glücksspielerischer Besessenheit auf die Zahl Sieben setzen. Es ist doch wirklich kaum glaubwürdig, daß ein hübscher Teenager wie SCHNEEWITTCHEN freiwillig sieben zwergenwüchsigen Junggesellen den Haushalt führt, anstatt einen ordentlichen Facharbeiterbrief zu erwerben und Ausschau nach einem Jugendfreund passenden Alters, nicht unter l,80 m, mit Sinn für alles Gute und Schöne sowie m.-l. WA* zu halten.

Ausbau- beziehungsweise abbaufähig erscheinen uns hingegen DIE SIEBEN GEISSLEIN. Mit Rücksicht auf unser Gagen-Budget schlagen wir vor, die Angelegenheit um vier Geißlein zu reduzieren. Die alleinstehende Frau Geiß gälte damit bereits als kinderreiche Mutter und käme in den Genuß der sozialpolitischen Maßnahmen.

Mit dem TAPFEREN SCHNEIDERLEIN, das angeblich sieben auf einen Streich erledigt, wollten Sie uns wohl einen kleinen Streich spielen, verehrte Kollegen Grimm, wie? Die Behauptung, ein Schönfärber, der seine Erfolge aufbauscht und sich an ihnen berauscht, könne bei uns Karriere machen, ist doch ein-

* m.-l. WA – marxistisch-leninistische Weltanschauung

fach absurd. Dergleichen Zerrbilder der Realität lehnen unsere Menschen ab. Ebenso unmöglich sind die beiden Riesen, die sich dank infamer Tricks des sogenannten tapferen Schneiderleins gegenseitig den Garaus machen. So dämliche Riesen brauchen wir nicht! Wir brauchen vielmehr, um die Zitate des Stellvertreters des Ministers für Kultur und Leiter der Hauptverwaltung Verlage und Buchhandel, Genossen Klaus Höpcke, zu zitieren, „Riesen an Denkkraft, Leidenschaft und Charakter".

HANS IM GLÜCK enthält leider keinen Hinweis darauf, welchen Beruf bewußter Hans in sage und schreibe siebenjähriger Lehrzeit erlernt hat. Seine Entlohnung mit einem riesigen Goldklumpen läßt angesichts der ständig steigenden Weltmarktpreise für dieses Edelmetall auf Kfz-Schlosser oder etwas ähnliches schließen. Ein solcher Kumpel aber würde niemals ein Vermögen für eine lahme Schindmähre ausgeben, sondern wenigstens auf einen Citroën mit Wertausgleich bestehen. Die Quintessenz Ihrer Story, daß nämlich glücklich am Ende nur der Besitzlose sei, veranlaßt uns zu der Frage, wie sie zur ständigen Verbesserung der Arbeits- und Lebensbedingungen der Werktätigen stehen.

In TISCHLEIN DECK DICH, GOLDESEL STRECK DICH UND KNÜPPEL AUS DEM SACK jagt ein von intriganter alter Ziege fehlinformierter Vater seine drei Söhne aus dem Haus. Diese begeben sich in die Obhut eines Schreiners, eines Müllers und eines Drechslers und werden nach erfolgreichem Lehrabschluß mit kostbaren Sachprämien belohnt. Nun ist es zwar ohne weiteres möglich, daß zwei der Brüder in einem Wirtshaus übers Ohr gehauen werden. Wir geben aber prinzipiell zu bedenken, daß ein Gaststättenleiter hier und heute den plumpen Diebstahl eines zauberkräftigen Möbelstücks und eines goldspeienden Vierbeiners nicht nötig hat. Völlig unakzeptabel ist jedoch die Bestrafung des betrügerischen Gaststättenleiters mit Hilfe des Knüppels aus dem Sack. Hier ist nicht Selbstjustiz am Platze, sondern die Einberufung der Konfliktkommission, deren Entscheidung anschließend im Kollektiv ausgewertet werden muß.

Eine Verfilmung Ihrer Geschichte DIE GÄNSE-MAGD mit dem leitmotivisch wiederkehrenden Seufzer „0 Fallada, da du hangest" steht für uns nicht zur Debatte, weil sich die DEFA aus dem seit Jahren währenden Streit der Fallada-Biographen Liersch und Crepon heraushalten möchte. Außerdem ist die Thematik schon ausreichend in dem Schlager „Es hängt 'ne Pferdehälfte an der Wand" vermarktet worden.

RAPUNZEL regte uns zu der auch optisch reizvollen Idee an, langhaarige Bewohner von Hochhäusern als alternative Transportmittel im Falle von Fahrstuhldefekten zu gewinnen. Leider erbrachten unsere Recherchen im staatlichen Gemüsehandel keinerlei Aufklärung über eine Salatsorte namens Rapunzel. Bei der GHG* Obst, Gemüse und Speisekartoffeln empfahl man uns, statt dessen zur Propagierung des vitaminreichen Chinakohls beizutragen. Wir bitten Sie also um die Erlaubnis, in einem entsprechenden Film den Satz verwenden zu dürfen: „Chinakohl, Chinakohl, laß mir dein Haar herunter!"

Die Geschichte vom FROSCHKÖNIG hat uns insgesamt recht gut gefallen, zumal hier zwischenmenschlich-erotische Aspekte ins Spiel kommen, die in unseren Filmen mit Recht immer breiteren Raum einnehmen. Vorläufig knobeln wir noch an der entscheidenden Schlafzimmerszene. Erfahrungsgemäß verwandelt sich nicht jeder schmierige grüne Junge,

* GHG – Großhandelsgesellschaft

165

der dringend ins Bett eines schönen Mädchens will und von diesem angewidert an die Wand geklatscht wird, schlagartig in einen Edelmann mit Heiratsabsichten. Doch von derlei formallogischen Überlegungen lassen sich unsere Dramaturgen nicht ins Bockshorn jagen. Bisher haben sie noch jeden Stoff so gründlich schöpferisch umfunktioniert, daß am Schluß niemand mehr nach abstrakten Begriffen wie Logik und Realitätsgehalt zu fragen wagte.

Wir hoffen sehr, verehrte Kollegen Gebr. Grimm, Ihnen mit der Einschätzung Ihrer literarischen Vorlagen gedient zu haben und Sie auch weiterhin zum Autorenkollektiv unseres Hauses zählen zu dürfen.

Mit vorzüglicher Hochachtung
Dramaturgie-Lektorat des
DEFA-Studios für Spielfilme

1984

Der Trickbetrüger

Wann immer ich in meinen Morgengazetten die Steckbriefe jener ambulanten Galgenvögel las, die vornehmlich weiblichen heim- beziehungsweise nicht-arbeitenden Bevölkerungsteilen das Geld aus der Tasche tricksten, war ich direkt ein bißchen neidisch. Warum verirrte sich keiner dieser kriminellen Klein-künstler einmal zu mir? Ich wollte sie schon entlarven, die angeblichen Abgesandten der KWV, des Woh-nungsamtes oder der Volkssolidarität. Schließlich ist man nicht umsonst bewußter, ja selbstbewußter Staats-bürger, Intimkenner der Kommunalszene und Abon-nent der DIE-Reihe*.

„Die Klientel solcher Ganoven besteht aus einfa-chen, unverdorbenen Leuten, die an das Gute im Men-schen glauben", sagte mein Mann. „Ein Zweifler und Skeptiker wie du hat da keine Chance."

„Vielleicht hat es sich auch schon bis in die Unter-welt heruntergesprochen, wie schlampig und vergeßlich du bist", höhnte mein Sohn, „oder könntest du mir auf Anhieb sagen, wo sich dein Portemonnaie befindet?"

Ich verbat mir derart dreckige Bemerkungen und ging in die Küche. Auf der Suche nach dem scharfen Brotmesser, das irgendein Idiot ins Gemüsefach gelegt hatte, riß ich aus Versehen den Korb mit dem Fla-

---

* DIE-Reihe – bis heute erscheinende Kriminalroman-Reihe des Verlages Das Neue Berlin. DIE steht für Delikate, Indizien, Ermittlungen.

schenleergut vom Schrank. So entdeckte ich mein Portemonnaie und steckte es geistesgegenwärtig in die Schürzentasche.

Meine Männer waren längst aus dem Haus, um durch Anwesenheit am jeweiligen Arbeitsplatz das Motiv für ihre auskömmlichen Gehälter zu liefern. Mein Status als freiberuflicher Schreibtischtäter ermöglicht mir dagegen die tägliche Pflege meiner Hobbys, als da sind: Bettenmachen, Staubsaugen und Abwaschen. Ich erquickte mich gerade beim Auskratzen eines Kartoffeltopfes, als es klingelte. Vor der Wohnungstür stand ein unauffälliger, aber gutaussehender Mann mittleren Alters und zitterte am ganzen Leibe.

„Gott sei Dank", stammelte er, „Sie sind zu Hause! Nun wird alles gut. Darf ich reinkommen?"

Erfüllt von einem prickelnden Gefühl aus Triumph und Empörung verbarrikadierte ich die Tür. „Wer sind Sie überhaupt?"

Der Mann griff sich ans Herz. „Sie kennen mich nicht mehr? Können Sie sich wirklich nicht an mich erinnern? O Gott, wie peinlich für mich."

Da es mit meinem Gedächtnis wirklich nicht zum besten steht, gab ich ihm eine Chance. „Es war vor zehn, nein, warten Sie, vor fünfzehn Jahren", beeilte er sich zu erklären. „Fernsehen der DDR, Block S, Studio A. Dämmert's jetzt?"

Es dämmerte nicht. Er bemerkte es kummervoll. „Nun ja, damit muß ein kleines Licht wie ich eben rechnen. Wer nimmt schon einen Aufnahmeleiter zur Kenntnis! So einer ist gerade gut genug, einem prominenten Studiogast eine Tasse Kaffee zu besorgen. Ein gesichtsloser dienstbarer Geist, keinesfalls ein gleichberechtigter Mensch. Ach, so ist es doch", kommentierte er meine abwehrende Geste resigniert.

„Beruhigen Sie sich erst mal", sagte ich einlenkend, „wie heißen Sie denn?"

„Burger, Wolfgang Burger. Damals haben Sie mich immer so nett angelächelt, richtig von Mensch zu Mensch. Aber vielleicht war es nur die Nervosität. Sie hatten nämlich furchtbares Lampenfieber."

Nun endlich fiel der Groschen. Wenn ich mich auch nicht direkt an den Aufnahmeleiter Burger erinnern konnte, so doch an jene Studiosendung „Berliner Herzragout mit Schnauzenhobel". Ich hatte mich von einem ebenso nam- wie schwatzhaften sächsischen Moderator zur Mitwirkung überreden lassen, obwohl es mir an der nötigen Kaltblütigkeit vor der Kamera sichtbar mangelte. „Na, dann sind wir ja alte Bekannte", sagte ich herzlich, „also immer rein in die gute Stube. Wo brennt's?"

Während er Platz und eine meiner Zigaretten nahm, überzog sich sein Gesicht mit heftiger Röte. „Ich fürchte, das kann ich Ihnen nun nicht mehr anvertrauen. Ja, wenn Sie mich spontan erkannt hätten, wenn wir also wirklich, wie Sie eben so nett bemerkten, alte Bekannte wären ..." Ein trockener Schluchzer verschloß ihm die Kehle.

„Nun reden Sie schon", verlangte ich, „was ist passiert?"

„Noch nichts", sagte er dumpf, „aber es wird etwas Furchtbares passieren. Um fünfzehn Uhr erwarten mich zwölf Kleindarsteller vor dem Dresdner Hauptbahnhof. Wenn ich die nicht pünktlich am Drehort abliefere, ist ein riesiger Drehstab mit schwerer Technik umsonst angereist, eine ganze Tagesproduktion fällt ins Wasser. Die ökonomischen und politischen Folgen sind überhaupt nicht abzusehen."

„Dann fahren Sie doch einfach hin", schlug ich vor.

Herr Burger lachte bitter auf. „Wie denn? Die Fahrkarte steckt in der Brieftasche, und die steckt im anderen Jackett. Zu Hause. In Strausberg. Was wie verbrecherischer Leichtsinn aussieht, ist schlichte Vergeßlichkeit. Dafür kann ich kein Verständnis erwarten."

„O doch", sagte ich, „ich versteh' das schon."

„Ich wußte es", sagte Burger, „Sie sind ein guter Mensch." Er sah auf die Uhr. „In einer halben Stunde fährt der Zug nach Dresden. Mein Schicksal liegt jetzt ganz in Ihrer Hand."

„Wieviel brauchen Sie denn?" fragte ich und begann schon immer mal, nach meinem Portemonnaie zu suchen.

„Dreißig Mark würden reichen. Verbirgt sich das dumme kleine Ding vielleicht in Ihrer Schürzentasche?"

Für einen Moment war ich irritiert, aber Herr Burger erklärte, Beobachtungsgabe, Kombinationsvermögen und überhaupt allgemeiner Durchblick seien das Brot des guten Aufnahmeleiters. Ich überreichte ihm großzügig fünfzig Mark. Kleiner hatte ich's nicht. Nachdem wir als Rückgabetermin den kommenden Sonntag vereinbart hatten, küßte mir Herr Burger ergriffen die Hand und verabschiedete sich schnell.

Am Abend wollten sich meine Männer schier totlachen. Nicht einen Augenblick glaubten sie an die Echtheit des Bürgers Burger. Warum sollte sich ein cleverer Betrüger nicht erinnern können, mich vor Jahren in einer Fernsehsendung gesehen zu haben? Die Bemerkung über meine Nervosität sei geradezu primitiv. Lampenfieber habe sowieso jeder Laie, von den Profis ganz zu schweigen. Am verdächtigsten erschien meinem Mann das angebliche Verantwortungsbewußtsein eines angeblichen Fernsehmitarbeiters für seine Arbeit.

Mich überzeugte dieses defätistische Gerede nicht im geringsten. Ich verwies darauf, wo in unserer Familie die Zweifler und Skeptizisten zu finden seien, und empfahl, erst einmal den Sonntag abzuwarten.

Er kam. Nicht so Wolfgang Burger. Als er sich auch am Montag und am Dienstag nicht blicken ließ, versuchte ich, ihm fernmündlich auf die Spur zu kommen. Aber das Unterfangen, einen Aufnahmeleiter in den Fernsehhäusern von Adlershof, Johannisthal und Grünau zu ermitteln, verlief wie die Telefon-Odyssee des Buchbinders Wanninger. Nachdem ich eine Stunde lang von Pontius mit Pilatus verbunden worden war, ohne definitive Auskunft erhalten zu haben, gab ich auf.

Ich beschloß, mich über den Vorfall nicht mehr zu ärgern. Genaugenommen war ja mein Herzenswunsch in Erfüllung gegangen: Ein Trickbetrüger hatte mir die Ehre erwiesen! Und zwar nicht irgendein simpler Stehldieb, sondern ein kultivierter, bestens informierter Mann. Etwas so Aufregendes hatte mir unser Fernsehen bisher nie geboten.

Und dann geschah das Unerwartete: Ich traf ihn wieder! Mitten auf dem Alexanderplatz. Ehe ich mich aus der Erstarrung lösen, geschweige denn nach der Polizei rufen konnte, streckte mir Herr Burger – oder wie immer er heißen mochte mit einer herzlichen Gebärde die Hand entgegen. „Meine Wohltäterin! Wie schön, Sie wiederzusehen!"

„Sie unverschämter Patron", stieß ich hervor, „wenn Sie mir nicht augenblicklich mein Geld ..."

„Aber liebe, verehrte, gnädige Frau", sagte er erstaunt, „das ist doch längst erledigt. Gleich am nächsten Tag hat meine Frau die Schulden bezahlt. Leider waren Sie nicht zugegen, so daß Ihr Sohn freundlicherweise die Summe entgegennahm."

Wie chloroformiert stolperte ich zum U-Bahnschacht. Zu Hause entluden sich Zorn und Enttäuschung in einem regelrechten hysterischen Anfall. Mein Sohn zeigte sich äußerst betroffen. „Armes Mütterchen", sagte er liebevoll, „nun solltest du vielleicht doch einmal einen Arzt konsultieren."

„Wirklich", fügte mein Mann hinzu, „das sind schon klinische Symptome. Wie kannst du nur vergessen haben, daß der Junge am Tag nach dem Gastspiel des Trickbetrügers in Urlaub gefahren ist!"

1985

Renate Holland-Moritz

Angeschmiert und eingewickelt

Darüber lachte man in der DDR während der fünfziger
und sechziger Jahre

154 Seiten · Mit 10 Illustrationen von Manfred Bofinger
cell. Pappband · 16,80 DM
ISBN 3-320-01914-7

Dieses Buch enthält eine Auswahl der vorwiegend
heiteren Seiten, die RHM dem Leben in der DDR ab-
gewann, ohne je den kritischen Blick zu verlieren. Vor
allem Schluderiane, die sich selbst die Arbeiterehre
abschnitten, sowie Tonnenideologen und Spießer aller
Couleur, die auf realsozialistischem Boden verblüf-
fend gut gediehen, waren ihren satirischen Attacken
ausgeliefert. Und das nicht nur im Rahmen des Er-
laubten, sondern zuweilen auch im listigen Kampf gegen die – je nach politischer Großwetterlage – unter-
schiedlich strenge Zensur.

Dietz Verlag Berlin
Weydingerstraße 14 - 16 · 10178 Berlin

Renate Holland-Moritz

Ossis, rettet die Bundesrepublik!

5. Auflage 1996
158 Seiten · Mit 27 Illustrationen von Manfred Bofinger
cell. Pappband · 16,80 DM
ISBN 3-320-01827-2

RHM ist nach eigenem Bekunden eine notorische Klatschtante. Sie beobachtet und belauscht Menschen, speichert, was sie an ihnen originell oder entlarvend findet, gießt es durch das Raster der Satire beziehungsweise des Humors und bringt das Ergebnis zu Papier sowie anschließend zum Vortrag. Man könnte sie also als informelle Mitarbeiterin (IM) ihrer zahlreichen Leser und Zuhörer bezeichnen.

RHM fand zu DDR-Zeiten die Erfahrung ihres Lieblingsklassikers Kurt Tucholsky bestätigt, daß es schwer sei, keine Satire zu schreiben. Obwohl es ihr beileibe nicht immer leichtgemacht wurde. Heutzutage keine Satire zu schreiben, hält sie für unmöglich.

Dietz Verlag Berlin
Weydingerstraße 14 - 16 · 10178 Berlin